見違える、私メイク

HAIR & MAKE-UP ARTIST

河嶋 希

prologue

メイクを変えれば、見違える自分が待っている

ヘアメイクの仕事をしていて、
いつも思うことがあります。
それは「自分の顔が大好き！」と
自信をもって言える人は、
本当に少ないということです。
今の自分より美人になりたい、
かわいくなりたい、素敵に見られたい
というのは、誰にでもある気持ち。
でも実は、似合うメイクや
おしゃれに見える髪型が
わからない……という人も
多いのではないでしょうか。

「メイクを変えて、もっときれいに
なりたい」と願う気持ちは、
女優さんやモデルさんですら、
同じように思っていること。
みなさんが憧れている彼女たちでも、
ヘアメイクをしていくうちに、
徐々に瞳が輝き出したり、
表情に自信が宿っていくのが
わかる瞬間があります。
メイクには外見の美しさだけでなく
その人を内面からも輝かせ、
魅力を増す力があるのです。
私は日々それを痛感しています。

みなさんにも、自分なりのメイク
パターンがあると思います。
でも、アイラインの入れ方、
チークを入れる場所、これで
合っているのかな……？と
迷いながら続けていたり、勘違いや
思い込みでメイクをしていることも
あるのではないでしょうか。
自分のメイクにマンネリを
感じていながら、どう変えたら
いいかわからなくてそのまま、
という人もいるかもしれません。
いつもの定番メイクを変えるのは、
想像以上に勇気がいることです。

自分の魅力を引き出す効果的な
メイクは、きっと鏡の中の自分に
自信を与えてくれます。
とくに、20代後半〜30代になって、
仕事でもある程度の経験を積んだら
もっと新しい大人のベーシック
メイクやアレンジメイクを
手に入れてほしいです。
難しく考えることはありません!
ほんの少しテクニックをしのばせたり、
ちょっと意識を変えてみるだけ。
それだけで見違えるような自分に
出会うことができるのです。

——河嶋 希

MESSASE

見違える自分に出会えた、
河嶋さんのメイク

本当はきっと、もっと美しい女優さんが
この本のモデルになったほうが
きれいな写真が撮れると思うのです。
でも生まれもっての美人ではない、
コンプレックスを抱えた私がやるからこそ、
伝えられる何かがあるのかもしれないと、
モデルを引き受けることにしました。

SHIORI SATO

佐藤栞里さん

1990年生まれ。2001年にモデルデビューし、多くのファッション誌で活躍する傍ら、2013年よりバラエティ番組での活動もスタート。現在は『1億人の大質問!?笑ってコラえて!』(NTV)『王様のブランチ』(TBS)など、数々の番組にレギュラーとして出演中。著書は『ちゃまてばこ』(集英社)。

小心者で自信もなかった私が
雑誌やテレビでの活動に挑戦する中で、
河嶋さんにメイクしてもらえると
自然と笑顔になって、勇気が出ました。
たくさん背中を押してもらいました。

「のん（河嶋さん）のメイクで
自分を好きになれる、今日が楽しくなる」
この気持ちが日本中の女性に
広がったら最高だなあと、
心から願っています。

佐藤栞里

NOZOMI KAWASHIMA

contents

002 ······ PROLOGUE

010 ······ **佐藤栞里さんメッセージ**
見違える自分に出会えた、河嶋さんのメイク

Lesson **1 TECHNIC**
ひと手間で美人に。
今すぐできる10のテクニック

018 ······ #01 **"目の際まで"**粉を仕込めばアイメイクはくずれにくくなる

020 ······ #02 ミディアムカラーを**"広く"**入れるだけで彫りの深い目元に

022 ······ #03 失敗しないチークの**"3大ルール"**

024 ······ #04 ハイライトは**"小さくたくさん"**入れるのが成功の秘訣

026 ······ #05 ベースメイクの後に**"唇を整えれば"**リップメイクが見違える

028 ······ #06 **"唇色"**のリップライナーがあれば、唇の形は自由自在

030 ······ #07 塗るだけで見違える！**"神ベース"**を手に入れる

032 ······ #08 ナチュラル眉の秘訣は**"リキッドアイブロウ"**

034 ······ #09 「何かかわいい」ムードは**"赤茶アイライナー"**で作れる

036 ······ #10 買い足すべきは**"ピンクのシングルシャドウ"**

\ プロローグのメイクは… /

P.2〜3　マットオレンジリップのカジュアルメイク（▶P.78〜83）
P.4〜5　基本の好感度美人メイク（▶P.40〜59）
P.6〜7　優しげな大人スイートメイク（▶P.72〜77）
P.8〜9　黒ドレスに似合うフォーマルメイク（▶P.84〜89）

Lesson **2** BASIC

まずは覚えたい基本の好感度美人メイク

040 ⋯⋯ **強さと優しさを兼ね備えた欲張りなメイク**

042 ⋯⋯	下地	ファンデーションの前に、くすみや色ムラをカバー
044 ⋯⋯	面コンシーラー	下地で隠しきれない色ムラにはコンシーラーを薄く
046 ⋯⋯	ファンデーション	リキッドファンデでみずみずしいツヤ肌に
048 ⋯⋯	フェイスパウダー	のせる量にメリハリをつけツヤ感もくずれにくさも
050 ⋯⋯	点コンシーラー	目立つシミやニキビ痕は、肌作りの最後にカバー
052 ⋯⋯	眉	まずは眉を描いて、顔の立体感を引き出す
053 ⋯⋯	アイシャドウ	ベージュ＆ピンクで目元をまろやかに引き締める
054 ⋯⋯	アイライン	赤茶アイライナーで、美人度3割増の目元に
055 ⋯⋯	マスカラ	失敗しないのは黒のウォータープルーフマスカラ
056 ⋯⋯	チーク	青みピンクのパウダーチークで美肌印象もアップ
057 ⋯⋯	ハイライト	立体感を掘り起こすのに欠かせないステップ
058 ⋯⋯	リップ	チークと同系色のピンクベージュできちんと感を

こんなタイプもおすすめ
060 ⋯⋯ **お手軽ファンデの見違える塗り方**
パウダーファンデーション／クッションファンデーション

Lesson **3** ARRANGE

アレンジメイクで＋4つの顔をもつ

基本メイクをアレンジ **❶**
066 ⋯⋯ **リラックスして過ごす日のミニマムメイク**

068 ⋯⋯ **ミニマムメイクの作り方**

069 ⋯⋯	肌	2種の下地でつるんとなめらか素肌に
070 ⋯⋯	目	ツヤとシャドウラインでほのかな立体感を
071 ⋯⋯	眉	足りない部分だけ、リキッドアイブロウで描き足す
071 ⋯⋯	唇	コーラルのグロスで血色感と潤いプラス

基本メイクをアレンジ ❷

072 ...... 優しげな大人スイートメイク

074 ...... 大人スイートメイクの作り方

075 ...... | 肌 | パウダーの抑えたツヤで優しげシフォン肌に

075 ...... | 眉 | アイブロウマスカラで毛流れだけ整える

076 ...... | 目 | ピンクが主役のアイメイクで甘辛バランスのいい目元に

077 ...... | 頬&唇 | ピンクのリップ&チークでふんわり感を

基本メイクをアレンジ ❸

078 ...... マットオレンジリップのカジュアルメイク

080 ...... カジュアルメイクの作り方

081 ...... | 肌 | ファンデレスで質感を整え肌を軽やかに

081 ...... | 眉 | 短めのストレート眉でおしゃれ感をプラス

082 ...... | 目 | グレーのアイラインで甘さを抑えてスタイリッシュに

083 ...... | 唇 | オレンジリップを輪郭ぼかしのカジュアル塗り

基本メイクをアレンジ ❹

084 ...... 黒ドレスに似合うフォーマルメイク

086 ...... フォーマルメイクの作り方

087 ...... | 肌 | パウダーは顔の中央だけにして、ツヤを生かす

087 ...... | 眉 | 眉はやや細く、長めに描いて女らしさをプラス

088 ...... | 目 | モノトーンのきらめきでブラウンレッドリップを生かす

089 ...... | 頬 | チークレスでハイライトのツヤをプラス

089 ...... | 唇 | ブラウンレッドリップは山をとって女らしく

090 ...... 素肌が見違える丁寧スキンケア
洗顔／化粧水／クリーム／クレンジング／美容液／オイル etc.

Lesson **4** Q & A
メイクの疑問とお悩み、すっきり解決

098 ……… "眉が左右対称に描けない"

099 ……… "マスカラを塗っても目が大きくならない"

100 ……… "寝坊しちゃった! メイクのどこを手抜きすればいい?"

101 ……… "日中、まつげが下がってきてしまう"

102 ……… "肌悩みが上手にカバーできない"

106 ……… "新しい口紅を1本買い足すなら?"

108 ……… "赤リップに憧れるけど、気後れしちゃって使えない"

Lesson **5** HAIR
おしゃれ度が上がる3つのヘアアレンジ

112 ……… **ストレートスタイル**　ストレートヘアは動きをつけると軽やかに

114 ……… **アップスタイル**　　　仕事の定番、1本結びヘアはニュアンスが命

116 ……… **ウェーブスタイル**　　ランダムなウェーブヘアで脱・コンサバ

COLUMN
118 ……… **見違えるメイクのために伝えたい、大切なこと**

124 ……… EPILOGUE

126 ……… COSMETICS' STORE DIRECTORY
CLOTHES' CREDIT / CLOTHES' STORE DIRECTORY

ひと手間で美人に。
今すぐできる10のテクニック

長年、何となくメイクをしてきているけれど、
それが本当に正しいのか、自分に合っているのか
わからない……という人なら、まずはひとつ
新しいことにトライするだけで、
変化や気づきがあるかもしれません。
しっかりメイクをしていた人なら
抜け感が出ておしゃれに、
薄いメイクの人なら美人度がアップする、
10のテクニックとアイテムをご紹介します。

TECHNIC　　　　　　　見違えるテクニック　　　　　　*eye make-up*

#01

"目の際まで"粉を仕込めば
アイメイクはくずれにくくなる

アイメイクがにじんでしまうのは、目周りの肌がベースメイクの油分や水分でベタついているせいかもしれません。フェイスパウダーをつけるとき、<u>アイシャドウチップで目の際ギリギリまでパウダーをつける</u>ようにすると、もちが変わります。

3
下まぶたも同様に。チップにパウダーを足し、まずはチップの面をワイパーのように動かして涙袋全体にパウダーを塗る。

2
指で上まぶたを軽く持ち上げる。チップの側面を使い、まつげの根元ギリギリまで入れ込むようにパウダーを丁寧に塗る。

1
アイシャドウチップにフェイスパウダーをとる。目の際からワイパーのようにチップを動かし上まぶたにパウダーを塗る。

TECHNIC #01 / eye make-up

6
眉の根元にもパウダーを塗っておくとくずれにくく。眉尻から眉頭に向けて毛を起こすようにして、根元まで入れ込む。

5
指の腹で上下のまぶたに軽く触れて、サラサラとした感触になっていればOK。ペタッとした感じがあればパウダーを足す。

4
チップの側面を使い、下まぶた際の粘膜ギリギリまでパウダーをきっちりと塗る。

Point
大きな笑顔を作ってチェック！

最後に、思い切り大きな笑顔を作ってみて。上下まぶたがくっつく感じがしたらパウダー不足なので、1〜5を繰り返す。

★ 使用アイテム
ベースの質感のよさは残しつつ、サラサラにしてくれるパウダー。くすみを飛ばして美肌に仕上がります。オンリーミネラル ミネラルクリアグロウフェイスパウダー 7g ¥3,500／ヤーマン

★ 使用アイテム
肌にぴたっとフィットして、粉飛びもしにくい。目の際ギリギリまですごくきれいにつけられて、腕が上がったような気持ちになれます。アイカラーチップ・太202 ¥800／資生堂

TECHNIC — *eye shadow*

ミディアムカラーを"広く" 入れるだけで彫りの深い目元に

ブラウンのパレットアイシャドウを使っている人は多いと思いますが、その入れ方を少し見直すだけで、目を大きく見せることができます。ポイントはミディアムカラー。いつもよりひと回り大きく、広く入れると、立体感が強調されて彫りの深い目元に。

Check!

アイシャドウの色の呼び方

- ハイライト
- ライトカラー
- ミディアムカラー
- 締め色

★ 使用アイテム

しっとりなめらかな質感。単色塗りやグラデ塗り、レイヤード、ミックス塗りなど何通りも楽しめ、透明感と奥行きを出せるところが好きです。モデリングルーセント アイズ 01 ¥5,000／ジルスチュアート ビューティ

TECHNIC #02 / *eye shadow*

よくやる全色グラデ

アイホールにミディアムカラー、二重の幅に締め色、下まぶたにライトカラーを入れたグラデーション。ごく一般的な入れ方だけれど、メイク感ばかりが際立ち、肝心の目は大きく見えない。

ミディアムカラーを広く入れる

ミディアムカラーを目頭と目尻は外側に2〜3ミリはみ出すように、上はアイホールの丸みよりもさらに広く入れる。目を開けたときも色が見える程度に。これで陰影がつくので、締め色は目の際にごく細く。

021

TECHNIC

失敗しないチークの "3大ルール"

上手に入れたチークには、肌をきれいに見せたり、骨格に立体感をつけたりする効果があります。30代のデイリーメイクには、青みピンクを骨格の凹凸に沿って入れるのがおすすめ。具体的な色選びと、小顔に見える入れ方のルールをご紹介します。ぼかしのひと手間も重要です。

\ ルール /
1 ── 色はにごりのない青みピンクを選ぶ ──

日々使うベーシックなチークの色は、青みピンクがおすすめです。にごりがない彩度の高いものなら、肌を明るく見せる効果も。

Check !
✓ 白浮きしない　✓ マットすぎない　✓ 大粒ラメが入っていない

★
使用アイテム

素肌のように自然なツヤ感。大人が絶対かわいくなれる、ピュアなストロベリーピンク。ブラッシュカラーインフュージョン 01 ¥3,500／ローラ メルシエ ジャパン

まずひとつ手に入れるなら、このチーク。ほのかなパール感と柔らかい血色感で、肌もきれいに見えます。ザ ブラッシュ ファブ ¥2,800／ADDICTION BEAUTY

TECHNIC #03 / *cheek*

\ ルール /
2 ──(入れる範囲は眉尻と口角の内側)──

たとえば
この位置

顔を正面から見たとき、側面と唇の下側にはみ出さない範囲に入れると、小顔＆リフトアップ効果のあるチークに。外側にはみ出すと顔が大きく、下側にはみ出すとたるんで見えがち。点線の範囲内なら、だ円に入れたり、丸く入れたり、形は自由でOK。

\ ルール /
3 ──(境目を必ずぼかす)──

忘れてはいけないのが"ぼかすこと"。ブラシの先で境目を矢印の方向になぞり、くっきり感のないふわっとした血色に仕上げて。

TECHNIC — *highlight*

見違えるテクニック #04

ハイライトは"小さくたくさん"入れるのが成功の秘訣

立体感を出すのに便利なハイライトですが、少し間違えると面で光って不自然になる、要注意アイテムでもあります。私は、光を反射する肌の凹凸に小さい範囲でたくさん入れています。こうすると自然なみずみずしさが生まれ、美肌効果も。

顔の凹凸の、山と谷に入れていく

顔の凹凸に、小指の先で触れることができる程度の小さな範囲で入れていくのがポイント。

- 両目の間
- 眉頭のくぼみ
- 眉尻の下
- 目尻のくぼみ
- 目頭のくぼみ
- 頬骨の高い部分
- 上唇の山
- あごのくぼみ

TECHNIC #04 / highlight

1 小指を立ててハイライトに触れ、指の腹の先端にとる。ここでは下の万能タイプを使用。他2タイプも塗り方は同じ。

2 まずは目周りの凹凸を強調するように、眉頭のくぼみ、目頭のくぼみ、目尻の下、目尻のくぼみ、と入れていく。

3 小指にハイライトを足し、両目の間と頬骨の高い部分に入れる。

4 口元は高い部分だけ強調すると立体感が。小指にハイライトを足し、上唇の山とあごのくぼみに。

メイクに合わせて質感を使い分けて

ふんわりタイプ

細かなパール入りで、ふんわりしたツヤが出るパウダータイプ。プチプラなのでハイライト初心者にも。セザンヌ フェース コントロールカラー 2 ¥400／セザンヌ化粧品

ツヤ強めタイプ

内側から潤っているような、みずみずしく温度感のある肌を作りたいときはこれを選びます。撮影現場でもよく登場。ルミナイザー ¥4,900／rms beauty

万能タイプ

★使用アイテム

肌の潤い感を引き出してくれる、ニュートラルなツヤ感。素肌っぽさや立体感を出したいときに欠かせない愛用品です。コフレドール マジカルグロウスティック ¥2,500（編集部調べ）／カネボウ化粧品

TECHNIC — *lip balm*

見違えるテクニック #05

ベースメイクの後に "唇を整えれば" リップメイクが見違える

口紅がきれいに決まると、美人度がぐんと上がります。そのために提案したいのが、ベースメイクの後に化粧水やリップクリームで唇を素の状態に整えること。はみ出したファンデなどが残っていると、唇が乾燥しやすくなるからです。アイメイクやチークが終わるころにはふっくらいい感じに！

1
ベースメイクの後、コットンに化粧水を含ませて1/4にたたむ。コットンの端で、唇にはみ出したベースメイクを拭きとりながら保湿する。

TECHNIC #05 / *lip balm*

2
唇の表面を軽くティッシュで押さえ、不要な水分を拭きとる。

3
リップクリームを唇にぐりぐりと押しつけるように塗り、さらにスティックでポンポンとタップして厚みを出す。

低刺激・無香料のものを愛用しています

使用アイテム

唇が荒れているときに使いたい、赤ちゃんにも使えるほど優しいリップクリーム。唇にのせるととろけるようになじみます。キールズ ベビー リップ バーム ¥1,200／キールズ

100％天然由来成分のリップクリーム。なめらかな塗りごこちで潤いが続きます。ドクターブロナー オーガニック リップバーム ベビーマイルド ¥800／ネイチャーズウェイ

ITEM

"唇色"のリップライナーがあれば、唇の形は自由自在

口紅を塗る前の素の唇の色は、少しくすんだヌードピンク。素の唇に近い色のリップライナーを選ぶと、唇の補整がすごく自然にできるんです。薄い唇をふっくら見せたり、上下の厚さを均一に整えるのも簡単。普段リップライナーを使わない人も、ぜひ取り入れて。

OTHER ITEMS
これもおすすめ

★使用アイテム

唇の色素が強い人におすすめの、赤み強めなヌードピンク。唇全体に塗ってもマットになりすぎないのが◎。プレシジョンリップライナー 9072 ￥2,700／NARS

長時間にじみにくいので、輪郭のぼやけが気になる唇におすすめ。こちらも便利な繰り出し式です。カラーステイ リップ ライナー 101 ￥1,200／レブロン

唇にぴったり密着して厚みを出せるテクスチャーなので、ふっくら作りたいときに便利。エグザジェレート リップライナーペンシル 002 ￥600（編集部調べ）／リンメル

色みが絶妙で、何本もリピートしている1本です。クリーミーでなめらかな描き心地。ジェン ヌード リップライナー ボーダーライン ￥2,500／ベアミネラル

TECHNIC #06 / *lip liner*

1
唇の形を自分のなりたい形に補整しながら、輪郭全体を縁どる。

2
綿棒で輪郭の内側をぼかす。描いたラインの外側にあて、内側に向けて軽くぼかし込むように。この後、口紅やリップグロスを重ねる。

ITEM　　　　　　　　　　　　　　　　　　　　　　　　*base*

見違えるアイテム
#07

塗るだけで見違える！
"神ベース"を手に入れる

メイク下地の役割は、くすみや凹凸を補正すること。この力を活用すれば、ファンデーションやコンシーラーは最小限の量ですみ、ナチュラルできれいな仕上りに。厚塗りしないので崩れを防ぐというメリットもあります。さらに保湿効果やUVカット効果も備えた、高機能な"神ベース"をご紹介します。

★使用アイテム

補整力と保湿効果が高く、驚くほど美肌に。ファンデの量がミニマムで済みます。高いUVカット効果も魅力。ステージ パフォーマー ブロック：ブースター ナチュラル ベージュ SPF50・PA+++ 30ml ¥4,500／シュウ ウエムラ

TECHNIC #07 / base

神ベース使用	下地なし

P.30の下地を塗った仕上がり。くまや赤みがナチュラルにカバーされ、つるんとなめらか！ 素肌が底上げされたような印象。	スキンケアした後の肌。ふっくら潤っているものの、くまや小鼻の赤みなどが気になる。毛穴の凹凸もところどころに。

OTHER ITEMS

これもおすすめ

まるでスキンケアのように保湿力が高く、カサついた肌もふっくらなめらかに整います。日中の乾燥が気になる人に。リサージ モイストセラムベース SPF28・PA++ 30g ¥4,000／カネボウ化粧品

毛穴の凹凸が特に気になる人におすすめ。つるんとなめらかに整え、メイクのもちをぐんと高めてくれます。RMK クリーミィ ポリッシュ ベース N 01 SPF14・PA++ 30g ¥3,500／RMK Division

色はつかないのに肌のくすみを払拭してくれて、潤いもたっぷり。ツヤと透明感のある仕上がり。アトモスフィア エアリー ライト UV エマルジョン SPF30・PA+++ 30g ¥7,500（編集部調べ）／SK-Ⅱ

ITEM

#08
見違えるアイテム

ナチュラル眉の秘訣は
"リキッドアイブロウ"

眉アイテムというとペンシルやパウダーが定番ですが、毛のない部分はどうしてもべったりしがちです。自眉が薄い人におすすめしたいのが、グレー系のリキッドアイブロウ。足りない部分を1本1本描き足すことで、自然な毛並みを感じる立体眉に。

Check!
このアイテムも使います
★
使用アイテム

アイブロウパウダーは髪の色や気分に合わせて調整できる多色タイプがおすすめです。
ルナソル スタイリングアイゾーンコンパクト 01 ¥4,200／カネボウ化粧品

★
使用アイテム

1本1本極細に描ける。 これに出合ってから、より自在に眉を仕上げられるようになりました。プロフェッショナル アイブロウ マニキュア 002 ¥1,200／リンメル

TECHNIC #08 / *eyebrow*

1

スクリューブラシを使い、毛流れを一旦立ち上げる。下向きだと立体感が出ないので、自眉をスタイリングする感覚で。

2

眉頭～眉山は斜め上に、眉山～眉尻は斜め下に向けて、スクリューブラシで毛流れを整える。

3

アイブロウパウダーの明るめのブラウン(**A**)を付属の細いブラシにとる。眉頭を5ミリ残し、眉尻までのせて眉のシルエットを作る。

4

アイブロウパウダーの濃いブラウン(**B**)を、付属の細いブラシにとる。眉頭から眉の中間までは斜め上に向けて、眉尻までは斜め下に向けて描く。

5

たとえば眉尻側など、自眉が薄い部分を確認し、リキッドアイブロウで毛を1本1本植毛するように、繊細に描き足す。

6

3の太いブラシにパウダーを足さず、残しておいた眉頭の部分を内側に向けてぼかし込むように描く。

ITEM *eye liner*

「何かかわいい」ムードは "赤茶アイライナー"で作れる

アイライナーは黒やブラウンを使っている人が多いと思いますが、赤茶色に変えるだけで、目元に甘さと抜け感が出て、かわいい雰囲気に。リキッドよりも軽さがありつつ、目の際に密着してくずれにくい、ジェルペンシルライナーがおすすめです。

--- OTHER ITEMS ---

これもおすすめ

やや彩度の低いバーガンディ。引き締め効果が高いので、ふだん黒を使っている人にもおすすめ。セザンヌ ジェルアイライナー 20 ¥500／セザンヌ化粧品

芯がやや太く、色も明るめで軽やかに仕上がるタイプ。アイライナー初心者にもおすすめです。シュアネス アイライナーペンシル 02 ¥2,800／セルヴォーク

★使用アイテム

するすると本当に描きやすいのにくずれにくく、色みも絶妙。100本以上リピートしています。ラスティング ジェルアイライナー RD401 ¥3,500／コスメデコルテ

TECHNIC #09 / *eye liner*

LESSON-1
LESSON-2
LESSON-3
LESSON-4
LESSON-5

3
2で描いた目尻のラインから、まっすぐ真横にラインをのばす。目尻から3ミリ程度を目安にして。

2
今度はまつげの上側から、目頭から目尻に向けて細くラインを描く。目尻は外側のまつげのところでストップ。

1
利き手でない方の指で上まぶたを軽く持ち上げ、まつげの下から根元全体を埋めるようにラインを描く。

035

ITEM

pink eye shadow

見違えるアイテム
#10

買い足すべきは "ピンクのシングルシャドウ"

アイメイクにニュアンスや甘さ、奥行きを出してくれるピンクのアイシャドウ。単品で使うのはもちろん、ブラウンやベージュ系のアイメイクに組み合わせたり、下まぶたに添えたり。ひとつあるだけでメイクの幅がぐんと広がるので、ぜひ試してみて。

★
使用
アイテム

── OTHER ITEMS ──

これもおすすめ

薄づきでマットなブライトピンク。まぶたの質感は変えずに色だけ足したい人におすすめです。ヴィセ アヴァン シングルアイカラー 035 ¥800（編集部調べ）／コーセー

ラメが効いた華やかな印象。ほんのりラベンダーがかったピンクは、甘さになれない人にもトライしやすい色。ハードワイヤードアイシャドー 5344 ¥2,500／NARS

どんな色にもなじみ、自由自在に使えるピンク。肌に密着するので色が薄れません。エレガンス クルーズ アイカラー プレイフル PK04 ¥1,800／エレガンス コスメティックス

TECHNIC #10 / *pink eye shadow*

アイホールの目尻半分に

ほんのり効かせたいときは、アイホールの目尻半分だけに入れても。ベージュのシャドウを全体に入れ、目尻にピンクを重ねる。

アイホール全体に

アイメイクの主役にする入れ方。指にとってアイホールになじませ、アイラインやマスカラで引き締める。甘くかわいい目元に。

下まぶたに

下まぶたの際全体にピンクをチップで入れると、涙袋がふっくら、うるっとした目元に。上まぶたはベージュなどで仕上げて。

上まぶたにライン状に

すっきり見せたいときは上まぶたの際にチップでライン状に入れるテクがおすすめ。アイホールにはベージュのシャドウを。

Point
プラス眉にものせる！

アイメイクにピンクを使ったら、眉にもブラシでふわっとのせてみて。目元に統一感が出る。

まずは覚えたい
基本の好感度美人メイク

この章では、私が考える「30代のベーシックメイク」を
ご紹介したいと思います。
きちんとした印象の中に柔らかさもあり、
美人なのに愛らしく、男性にも女性にも
好感度が高い……。そんな多面的な要素が詰まった
欲張りなメイクです。それぞれの工程に
加えた少しの工夫やこだわりが、
仕上がりに違いをもたらしてくれると思うので、
ぜひ試してみてください。

強さと優しさを兼ね備えた
欲張りなメイク

いつものブラウンメイクも、
テクニックやアイテムを少し変えるだけで
まろやかな大人の美人ムードを
引き出すことができます。
きちんと感がありながら、包み込むような
優しさも、甘さやかわいさもある
欲張りなメイクです。

BASIC / *base*

下 地

ファンデーションの前に、
くすみや色ムラをカバー

ベースメイクで最も重要なのは下地。Lesson1でご紹介した、くすみや毛穴の凹凸を補整する"神ベース"をしっかり塗っておけば、ファンデーションが薄くても済み、紫外線などもカットできます。

▶P.30

1
指先にパール粒大の下地をとる。この量が顔全体の1回分。少ないとカバーしきれなかったりムラになったりし、多いと白浮きしやすいので、適量を守って。

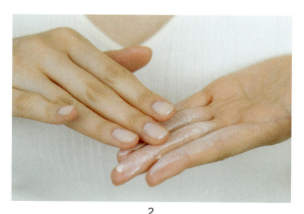

2
両手の指の腹全体に広げる。指の腹全体の"面"でつけることで、ムラを防ぎ薄く均一に仕上げることができる。

＼ **リピートアイテムについて** ／

R　←前のページに出てきた商品のことです。
▶P.00　←商品の詳細は▶のページを参照してください。

3
まずは頬の内側から外側に向け、指の面でのばす。額、鼻筋、あご、口元や目元の順に薄くのばして。この順番でつけることで、面積の広い頬をしっかりカバーできる。

4
指先に再びパール粒大の下地をとって指の面全体に広げ、首筋にものばす。色や質感を下地で顔と揃えておくことで、白浮きを防止。

BASIC / *face concealer*

どんな肌トラブルも自然にカバーできるので、何個もリピートしています。 24 ミネラルUVコンシーラー SPF50+・PA++++ 2.8g ¥3,400 / 24h cosme

面コンシーラー

下地で隠しきれない色ムラには コンシーラーを薄く

ファンデーションを塗る前に、くまや小鼻の赤みなど比較的広範囲(面)な色ムラをコンシーラーでカバーします。これで肌が均一に整い、ファンデーションの塗りすぎ防止に。

こんな部分の色ムラに

Point

指で溶かすようにしてとる

薬指の腹をコンシーラーの表面にあててくるくる動かし、薄くとる。色は2色を混ぜ、自分の肌に近い色を作って。

目元のくま

2 コンシーラーを塗った部分の周囲をぼかすように、指の腹で優しくポンポンなじませる。指についたものを上まぶたにも薄く。

1 くまがある人は、涙袋の下側にコンシーラーをおく。涙袋のふくらみによる陰影は消したくないので、目の際までは塗らないで。

小鼻の赤み

2 鼻の下を伸ばす、戻す、を繰り返しながら薄く均一になじませる。表情を動かしながら塗ることで、密着してヨレにくく。

1 小鼻の脇の赤みは、カバーすると美肌印象につながる大切なポイント。指の腹で赤みをカバーするようにコンシーラーを。

口角のくすみ

2 小鼻と同様に、口を開けたり閉じたりしながら薄くなじませると、表情の動きにも負けず、ヨレにくい仕上がりに。

1 口角がくすんでいるとリップメイクが決まらないので、ここも薄くカバー。指の腹の面でコンシーラーをおく。

BASIC / *liquid foundation*

右：細かい部分もつけやすい。KOBAKO ベースメイクスポンジ O ￥600／貝印
左：みずみずしいツヤと透明感。ザ スキンケアファンデーション SPF25・PA++ 全15色 各30ml ￥4,500／ADDICTION BEAUTY

ファンデーション

リキッドファンデで みずみずしいツヤ肌に

ファンデーションはリキッドタイプのスポンジ塗りがおすすめ。内から外にのばしていくだけで、薄くついて自然な立体感も出ます。他のタイプのファンデーションの塗り方はP.60〜に。

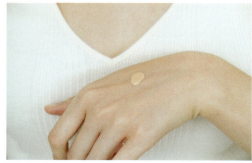

1
手の甲に薄く直径1cm程度の量のファンデをとる。プッシュ式容器の商品なら1プッシュ、硬めの商品なら小豆粒大を目安に。

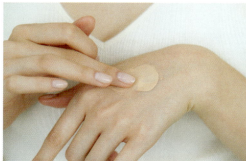

2
指の腹でくるくると混ぜて広げる。ここで広げておくとスポンジに薄く均一につくので、仕上がりもきれいに。

3
スポンジの端に適量を薄く含ませる。この面で塗っていくことで、指でつけるよりもムラにならず、厚塗りも防止できる。

4
頬の内側から外側へ、スポンジでポンポンと塗る。コンシーラーを塗った部分に少しかぶせるようにして。

5
スポンジにファンデを足し、額にも薄くのばす。そのまま鼻筋、口元にも薄くなじませて。

6
スポンジにファンデを足さずに、フェイスラインについたものを首筋へとぼかし込んで、顔だけ浮かないように仕上げる。

BASIC / *face powder*

右：ふんわり柔らかく、洗ってもくずれにくい。パウダーパフ 123 ¥600／資生堂
左：肌に優しい繊細な毛。オンリーミネラル ミニフェイスブラシ ¥2,500／ヤーマン

▶P.19

フェイスパウダー

のせる量にメリハリをつけ
ツヤ感もくずれにくさも

仕上げはフェイスパウダー。メイクくずれが起こりやすい目元にはきっちり、他の部分にはごく薄く塗ってツヤを残します。チップ、パフ、ブラシと道具を使い分けるとうまくいきます。

目元に

2
指で上まぶたを軽く持ち上げる。チップの側面を使い、まつげの根元ギリギリまで入れ込むようにパウダーを丁寧に塗る。

1
アイシャドウチップにフェイスパウダーをとる。目の際からワイパーのようにチップを動かし、上まぶたにパウダーを塗る。

4
眉の根元にもパウダーを塗っておくとくずれにくくなる。眉尻から眉頭に向けて毛を起こすようにして、根元まで入れ込む。

3
下まぶたにも1・2と同様に塗る。指の腹で上下のまぶたに軽く触れてチェックし、サラサラとした感触になっていればOK。

全体に

6
顔全体にパウダーを塗る前に、下地やファンデがたまりやすい小鼻周りやほうれい線、目元などの細かい部分を指でならす。

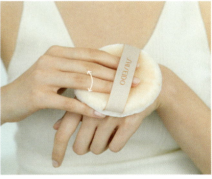

5
フェイスパウダーパフにパウダーをとる。手の甲になじませるようにして、パフの表面全体にパウダーを均一に広げる。

8
パウダーブラシで顔全体をくるくると磨くようにして、表面に浮いた余分な粉をオフ。細かい部分は毛先で払うようにして。

7
パフをすべらせずポンポンとおくようにして、顔全体にパウダーをのせていく。指でならした目元や小鼻→頬の順に。

BASIC / *point concealer*

点コンシーラー

目立つシミやニキビ痕は、肌作りの最後にカバー

全体が仕上がったところで、最後に鏡から少し離れて顔をチェック。ニキビやシミ、ほくろなど"点"のトラブルが気になる部分をコンシーラーでカバーします。

1
付属のブラシにコンシーラーをとり、気になる部分にペタッと貼りつけるような感覚でおく。2回程度繰り返してカバー。

2
綿棒(またはティッシュで拭いたブラシ)でコンシーラーの縁を1周するように触れ、塗った部分を肌になじませる。

3
アイシャドウチップにフェイスパウダーを含ませ(ともにP.19のもの)、コンシーラーを塗った部分に重ねてフィックス。

BASE MAKE-UP
Finished!

顔全体が明るく、くすみや色ムラを感じさせない仕上がり。それでいて立体感とツヤがあるのは、コンシーラーやファンデーション、パウダーを必要なところだけにメリハリをつけて塗っているから。

BASIC / *eyebrow*

R
▶P.32

眉
まずは眉を描いて、顔の立体感を引き出す

ベースが仕上がったら、次はポイントメイク。眉から描くと顔のフレームが決まり、メイクのバランスがとりやすくなります。1〜6の描き方はLesson1でご紹介したテクと同じです（P.32〜33）。

1
スクリューブラシを使い、毛流れを一旦立ち上げる。下向きだと立体感が出ないので、自眉をスタイリングする感覚で。

5
たとえば眉尻側など、自眉が薄い部分を確認し、リキッドアイブロウで毛を1本1本植毛するように、繊細に描き足す。

2
眉頭〜眉山は斜め上に、眉山〜眉尻は斜め下に向けて、スクリューブラシで毛流れを整える。

6
3の太いブラシにパウダーを足さず、残しておいた眉頭の部分を内側に向けてぼかし込むように描く。

3
アイブロウパウダーのAの色を付属の細いブラシにとる。眉頭を5ミリ残し、眉尻までのせて眉のシルエットを作る。

7
仕上げに、小指で眉頭を目頭のくぼみに向けてなぞるようにぼかし込むと、隠しシェーディングになって立体感が。

4
アイブロウパウダーのBの色を、付属の細いブラシにとる。3よりもやや内側にのせ、外側が明るく、内側が濃い立体眉に。

これも便利！

柄の長いスクリューブラシ
手持ちのアイブロウパレットに入っていない場合は、市販のスクリューブラシを1本取り入れて。小回りが利いて使いやすいので不器用な人にもおすすめ。ブロウグルーミング ブラシ ¥1,200／ローラ メルシエ ジャパン

BASIC / *eye shadow*

アイシャドー

ベージュ&ピンクで
目元をまろやかに引き締める

アイシャドウは濃淡3色のグラデーションにせず、
ベージュ1色を広めに塗ったシンプルな陰影で抜け感を出します。
さらに、ふわっとピンクのアイシャドウを重ねて、甘さをプラス。

 ▶P.36　 ▶P.20

ここに入れる

1
パレットアイシャドウの付属のいちばん太いチップに、左下の**A**（ミディアムカラー）の色をとる。目頭のくぼみ～アイホールに幅広く入れる。

2
ピンクのアイシャドウを指かアイシャドウブラシにとり、アイホール全体にふわっと薄く重ねて、甘さをプラス。

3
パレットアイシャドウの付属の細チップに、左上の**B**（ハイライト）の色をとる。下まぶたの際全体に細く入れて、明るさを。

BASIC / eye line

R
▶P.34

挟むときに汚れがつかない計算されれた**構造**。マキアージュ エッジフリー アイラッシュカーラー ¥1,000（編集部調べ）/マキアージュ

> アイライン
>
> # 赤茶アイライナーで、美人度3割増の目元に
>
> アイラインは黒ではなく赤茶のジェルライナーを使います。ほどよい引き締め効果で目元がきつくなりすぎず、ほんのり甘いムードで大人のかわいさも引き出してくれます。

1
アイラインを描く前に、カーラーでまつげを上げておく。後からだと描いたラインがとれてしまうので、このタイミングで。

2
利き手でない方の指で上まぶたを軽く持ち上げ、まつげの下から根元を埋めるように、目頭から目尻までラインを描く。

3
今度はまつげの上側から、目頭から目尻に向けてごく細くラインを描く。目尻は外側のまつげのところでストップ。

4
3で描いた目尻のラインから、まっすぐ真横にラインをのばす。目尻から3ミリ程度を目安にして。

BASIC / *mascara*

マスカラ
失敗しないのは黒の
ウォータープルーフマスカラ

アイラインの引き締め効果が穏やかな分、マスカラは黒でしっかり引き締めます。お湯で落ちるタイプも便利なのですが、上がったまつげをキープできるのはウォータープルーフタイプ。

毛先が細く仕上がる、美まつげ作りに欠かせない逸品です。ボリューム エクスプレス ハイパーカール ウォータープルーフ N 01 ¥900／メイベリン ニューヨーク

1
上まつげを先に塗ると、マスカラが乾かないうちに目を大きく開けることになるので、まぶたに色がつきがち。下まつげから塗る。ブラシの先でさらっと軽く。

2
上まつげはブラシの側面を根元に差し込み、毛先まで動かす。つけすぎたりカールさせすぎると幼くなるので、さらっと全体に塗ればOK。

これも便利！
まつげの完成度が上がるコーム

くっついたまつげをほぐし、自然に仕上げてくれるコーム。金属製のものが使いやすいです。
チャスティ マスカラコームメタルN マジェンタP（ナチュラル）
¥700／シャンティ

BASIC / cheek

チークブラシよりもひと回り小さく、小回りのきくハイライトブラシを使用。B116 ハイライト 丸平 ブラックミディアム ￥6,500／白鳳堂

チーク
青みピンクのパウダーチークで美肌印象もアップ

オフィスなどのきちんとしたシーンでは、自然な血色に近く肌なじみのいい青みピンクのチークがおすすめ。入れ方はLesson1と同じ（P.22～23）。ぼかすのがポイントです。

1 ブラシをチークに垂直にあて、左右に動かしてたっぷりとる。少ないとムラになりやすいのでブラシの内側までしっかり含ませて。

ここに入れる

眉尻より内側、口角より上側の範囲内がルール

2 一旦手の甲にとり、ブラシを転がすようにしてチークを均一になじませる。

3 小鼻の脇あたりに毛先をあてる。頬骨の高い部分を通って眉尻の延長線の内側まで、斜め上に向けてブラシを動かす。

頬の高い部分にふんわり入れる

4 両頬にチークをつけたら、仕上げにブラシの先でチークの縁をなぞるようにして、輪郭を肌に溶け込ませる。

BASIC / *highlight*

ハイライト

立体感を掘り起こすのに欠かせないステップ

立体感を引き出してくれるハイライト。ツヤもプラスされ、シェーディングよりも簡単なので、私はハイライトをメイクに欠かしません。入れ方はLesson1と同様（P.24〜25）、小さく点状に。

R ▶P.25

1
小指を立てるようにしてハイライトに触れ、指の腹の先端にとる。小指の先の小さな面積で入れると、うまくいく。

ここに入れる

P.24参照

2
まずは目周りの凹凸を強調するように、眉頭のくぼみ、目頭のくぼみ、眉尻の下、目尻のくぼみ、と入れていく。

3
小指にハイライトを足し、両目の間と頬の高い部分（チークを塗った部分の中央）に入れる。

4
口元は高い部分だけ強調すると立体感が出る。小指にハイライトを足し、上唇の山とあごのくぼみに。

BASIC / *lip*

肌が明るく見えるピンクベージュ。唇に密着してみずみずしいツヤが出る。リップカラー 08 ¥3,200／レ・メルヴェイユーズ ラデュレ

▶P.28

リップ

チークと同系色のピンクベージュできちんと感を

リップはチークと同系色のピンクベージュをつけると、顔にまとまりが出てきちんとした印象に。ほどよい血色感のあるピンクベージュは、肌色や顔立ちを選ばず使える便利な色です。

1
唇の輪郭全体をリップライナーで縁どる。唇が薄い人や輪郭がガタついている場合は、ややオーバー気味に描いて。

2
口紅をスティックで直接、描いたラインに重ねるようにしながら全体にたっぷりと塗る。

3
唇の上下を合わせて、なじませる。つけすぎたときやテカリ感が気になるときは、指でトントンと押さえる。

COLOR MAKE-UP
Finished!

フルメイクが完成。ベースメイクの仕上がり(P.51)よりもパーツが
くっきりと際立ち、頬と唇の血色感でイキイキとした印象に。ハイ
ライトによって肌のみずみずしさもアップしています。

こんなタイプもおすすめ

お手軽ファンデの見違える塗り方

使いやすくて人気の高いパウダーファンデーションやクッションファンデーション。塗り方を少し工夫するだけで、見違えるようにナチュラルでアラの目立たない仕上がりになります。

ファンデ
バリエーション
1

パウダーファンデーション
powder foundation

★使用アイテム

忙しい朝でもさっと手早く使えるのがパウダーファンデーションの魅力。気になるマット感や粉っぽさを感じさせない、ふんわりセミツヤ肌に仕上げる塗り方をご紹介します。

初めて好きと思えたパウダーファンデーション。しっとりなめらかについて、自然なツヤが出ます。マキアージュ ドラマティックパウダリー UV(レフィル) SPF25・PA+++ 全7色 ￥3,000(編集部調べ)　マキアージュ コンパクトケース ND ￥1,000(編集部調べ)／マキアージュ

1
下地はP.42〜43と同じように塗り、最後にスポンジ(P.46)で押さえてフィット感を高める。必要に応じてコンシーラーをP.44〜45の要領でごく薄く塗る。

2
まずは細かい部分から。パウダーファンデスポンジの角を折り、ファンデを少量とる。小鼻や目の周りに薄く塗って。

3
パウダーファンデスポンジの2/3面にファンデーションをとる。一旦手の甲において、パウダーを均一にならす。

4
頬の内側から外側に向けて塗る。反対側も塗ったら、ファンデを足さずに額、鼻筋、あごの順に薄く仕上げる。

5
スポンジの何もついていない面を使って、フェイスラインを首筋に向けてぼかし、顔と首を一体化させる。この後、シミが気になる場合はP.50の要領でコンシーラーを。

6
仕上げに両手でゆっくりハンドプレスすると、ファンデが肌に密着して粉っぽさが消える。

――― お手軽ファンデの見違える塗り方 ―――

ファンデ
バリエーション
②

クッションファンデーション
cushion foundation

★ 使用
アイテム

愛用者が増えてきたクッションファンデーション。コンパクトに詰まったリキッドファンデ感覚で、みずみずしいツヤを感じさせる肌に。コンシーラーのようにも使えます。

みずみずしく極上のツヤ肌が簡単に作れるお気に入り。内側から発光するような透明感が出ます。アンクル ド ポー ルクッション SPF23・PA++ 全7色 各￥7,500（ケース込み）／イブ・サンローラン・ボーテ

1
下地はリキッドのときと同じアイテムと塗り方（P.42〜43）。付属のスポンジの1/2面をファンデに押しつけてとる。

2
頬にポンポンとタップするようにして塗る。スポンジにファンデを足さず、額やあごにもタップするように薄く塗る。

062

3
スポンジにファンデを足さず、フェイスラインを首筋に向けてぼかし込む。顔と首が一体化して自然な印象に。

4
スポンジの端に少量のファンデを足し、コンシーラー感覚で細かい部分をカバーする。目元はくまの濃い部分を中心に。

5
小鼻の赤みもカバーする。ポンポンと軽くタップするように重ねて。

6
アイシャドウチップにフェイスパウダーを含ませ（ともにP.48のもの）、目元や小鼻に重ねる。この後、シミが気になる場合はP.50の要領でコンシーラーを重ねて。

Lesson 3
ARRANGE

アレンジメイクで
＋4つの顔をもつ

休日カジュアルやデート、華やかな席など
シーンに合わせてファッションを変えるとき、
合わせてメイクもアレンジできたら素敵。
でも、それがなかなか難しい……という声をよく聞きます。
そこで、Lesson2の基本メイクを
軸に、少しのアイテムとテクニックチェンジで
できる、4つのメイクを考えてみました。
メイクのバリエがひとつ増えるたびにおしゃれ度が上がり、
自分の新しい魅力にも気づけるかも。

基本メイクを
アレンジ
1

リラックスして過ごす日の
ミニマムメイク

大切な人とおうちで過ごす休日、ひとりでふらっと
出かけるとき、オフィスでの作業日……。
力を抜いて過ごしたいときには、メイクを限りなくミニマムに。
ポイントだけ引き締めて"美人な素顔"を作りましょう。

ミニマムメイクの作り方

素顔の延長のようだけれど、肌はきれいでパーツもくっきり。
そんな顔を作るコツは、ファンデの代わりに下地やハイライトを使いこなすこと。
リップメイクはグロスに替えて、みずみずしさと血色感を添えます。

ミニマムメイクにはこのアイテムをプラス！

☑ スムーサー

透明感のあるベースで毛穴やシワなどの凹凸を埋め、サラサラに仕上げてくれるスムーサー（補整下地）。小鼻の周りなど、気になる部分だけに使用します。

自分で使ってみてその毛穴カバー力に驚き、仕事でも愛用しています。 シークレット スムーザー 10g ￥2,800／マリークヮント コスメチックス

☑ ハイライト

ハイライトは基本のメイクよりもツヤ感の強いタイプを使うと、より素肌がみずみずしく潤っているような印象になり、ファンデレスでも美肌に。

➡データはP.25

☑ コーラルグロス

ファンデレスで素肌っぽく、目元もカラーレスに仕上げるので、リップメイクはコーラルグロスで、ほんのりした血色感とみずみずしさを。

唇の縦ジワが一気に消え、大好きな赤ちゃんリップに仕上がるグロス。 to／one ペタル エッセンス グロス 05 ￥2,500／トーン

ARRANGE ❶ / *base*

プラスアイテム ▶P.68

| 肌 |

2種の下地で
つるんとなめらか素肌に

小鼻の脇や頬など、大きな毛穴が目立つ部分に補整下地を仕込みます。その上に全顔用下地を重ね、コンシーラーで目立つくまや色ムラを整えれば、まるで素肌のように自然で、素肌よりきれいな肌が完成。

R ▶P.30

1
補整下地を薬指の腹にとり、小鼻や頬の内側、眉間、あごなど、毛穴の目立ちが気になる部分にくるくると塗り込む。

R ▶P.44

2
全顔用の下地を塗り（P.42〜43）、両手で顔を包み込んでなじませる。色ムラが気になる部分にはコンシーラーを（P.44〜45）。

プラスアイテム ▶P.25

3
下地後、ポイントメイクをすべて終え、最後にハイライトを基本と同じように入れる（P.57）。さらに上まぶたの目尻側にプラスすると立体感アップ。

ARRANGE ❶ / *eye*

R ▶P.20

R ▶P.55

目

ツヤとシャドウラインで
ほのかな立体感を

アイライナーを使わずアイシャドウのツヤと影色で立体感を引き出し、マスカラだけはたっぷりと。素顔っぽいのにまつげはふさふさなのが、美人に見えるポイントです。

1
パレットアイシャドウ左上の **A**（ハイライト）を指にとり、アイホールにのばす。まぶたの丸みを強調し、明るさも引き出す。

2
パレットアイシャドウ右下の **B**（締め色）を付属の細チップにとり、上まつげの際全体〜目尻のくぼみに5ミリ程度入れて影を作る。

3
パレットアイシャドウ左上の **A**（ハイライト）を付属の細チップにとり、下まぶたの涙袋に入れてふっくら感を強調。

4
まつげはカーラーで上げ、黒マスカラを上に3度、下に1度塗りする。上げすぎないまつげが影を作り、奥行きを感じさせる目元に。

ARRANGE ❶ / eyebrow & lip

眉

足りない部分だけ、
リキッドアイブロウで描き足す

眉メイクをミニマムにすると、素顔っぽい抜け感が出ます。
スクリューブラシでとかして毛流れを整えた後、
自眉が足りない部分をリキッドアイブロウで描き足して。

R
▶P.32

2
足りない部分を埋めるように、リキッドアイブロウで丁寧に毛を描く。仕上げに再度スクリューブラシでとかし、なじませて。

1
スクリューブラシで眉の毛流れを整える（P.52）。鏡で眉と目元全体を観察し、自眉の足りない部分をチェック。

唇

コーラルのグロスで
血色感と潤いプラス

ミニマムメイクに生き生きとした印象を添える
コーラルグロスを。上唇をややオーバーぎみに塗ると、
ハイライトのようなツヤが出て、唇がふっくら見えます。

プラス
アイテム
▶P.68

グロスをチップにたっぷりとり、唇の中央から左右に塗り広げる。上唇の山はややはみ出すように塗って、ツヤを強調。

基本メイクを
アレンジ
❷

優しげな大人スイートメイク

顔全体をピンクのワントーンでまとめ、塗る位置や
質感の工夫で立体感を出すと、敬遠しがちなピンクでも
甘すぎない大人メイクに。ベーシックカラーの服に
女らしさや華やぎをプラスしたいときにも効果的です。

大人スイートメイクの作り方

メイクのテーマはふんわり感。肌はハイライトをフォギーなツヤ感の
パウダータイプにして、眉はアイブロウマスカラで意志ある毛流れを。
リップ＆チークには青みピンクのジェルを使い、トーンを揃えます。

ピンクメイクにはこのアイテムをプラス！

☑ ハイライト

ハイライトをパウダータイプに替えることで、光
をふわっと放つ優しげな雰囲気の肌に。付属の
ブラシは使わず、指で細かく点々と入れます。

➡ データはP.25

☑ アイブロウマスカラ

眉をしっかり描かず毛流れのニュアンスだけを強
調すると、柔らかな印象に。ブラウンのアイブロ
ウマスカラで色も明るく優しげに仕上げて。

**発色がよく、液の硬さもほどよくて、ひと塗りで
美眉に。** インテグレート ニュアンスアイブローマ
スカラ BR773 ¥800（編集部調べ）／資生堂

☑ リップ＆チークジェル

リップとチークに使うのは、ほんのりとしたツヤの
あるジェルタイプのマルチカラー。じゅわっと色
づき、にじんだようなかわいい仕上がりに。

**指の体温でとろける質感。頬はうるっと、唇はセミ
ツヤに仕上がります。** マジョリカ マジョルカ
メルティージェム PK410 ¥850／資生堂

ARRANGE ❷ / base & eyebrow

肌

パウダーの抑えたツヤで
優しげシフォン肌に

下地とファンデーション、コンシーラーまでは基本メイクと同じですが
仕上げのパウダーはブラシでふんわりとつけて、ツヤを抑えます。
ハイライトもパウダータイプに替え、ふわっとシフォンのようなツヤ感に。

 ▶P.30

 ▶P.46

 ▶P.19

 プラスアイテム ▶P.25

2
ハイライトはこの段階で入れる。基本メイク(P.57)と同じように指塗りで、パウダータイプのハイライトを使う。

1
ベースメイクはファンデまでを基本と同様に(P.42〜47)。パウダーはブラシ(P.48)で磨くようにのせると繊細なツヤが。

眉

アイブロウマスカラで
毛流れだけ整える

眉はアイブロウマスカラで毛流れを上向きに整えつつ明るい
ブラウンにカラーリングし、抜け感をプラス。毛の動きとツヤが、
ピュアな雰囲気を作ってくれます。自眉が薄い人はパウダーで足しても。

プラスアイテム ▶P.74

アイブロウマスカラで眉頭→眉尻に向けて、毛流れを起こしながら色づける。自眉が薄い場合はアイブロウマスカラの前にアイブロウパウダー(P.52)で足す。

ARRANGE ❷ / eye

目

ピンクが主役のアイメイクで
甘辛バランスのいい目元に

上まぶたにはピンクのアイシャドウを。1色でも幅広くスクエア形に入れれば、骨格が強調されて立体感が出ます。甘いのは上まぶただけにして、下まぶたやライン、マスカラはさらっとクールに。

R ▶P.36

⇩

R ▶P.20

⇩

R ▶P.34

⇩

R ▶P.55

1
ピンクのアイシャドウをチップ(P.19)にとる。アイホールよりやや広めの角丸スクエア形に入れて、彫りを強調。

2
パレットアイシャドウ左下の**A**(ミディアムカラー)を付属の細チップにとる。下まぶたの際全体に入れて、涙袋に影をつける。

3
アイラインは基本メイク(P.54)の1〜2のみ。まつげの下から根元のすき間を点々と埋め、目力をほんのり強調する。

4
黒マスカラは基本メイク(P.55)と同様に、上下まつげにさらっと1度塗りで繊細に仕上げる。

ARRANGE ❷ / cheek & lip

[頬 & 唇]

ピンクのリップ＆
チークでふんわり感を

メイクの主役は、じんわり染めるように色づくピンクの
リップ＆チークジェル。仕上がりはツヤ控えめなので、
ピンクでも子供っぽく見えることなく、ふんわり上品なかわいさに。

プラス
アイテム
▶P.74

1
チークは基本メイク
（P.56）の範囲内で、
やや下側に入れ、大
人のあどけなさを演
出。ジェルを指の腹に
とり、頬にポンポンと
おくようにのせて。

2
ジェルを指に足し、
唇全体にもポンポンと
のせて色づける。輪
郭はあいまいに、ラフ
に仕上げて抜け感を。

基本メイクを
アレンジ
3

マットオレンジリップの
カジュアルメイク

唇をマットな質感にすると、ぐっとモードな雰囲気に。
色はカジュアルなオレンジにして、強さのバランスをとります。
効かせリップを使いこなして、気楽に色を楽しみましょう。

カジュアルメイクの作り方

主役はブライトオレンジのマットリップ、引き立てるのはグレーのリキッドアイライナー。その他は基本メイクから甘さや重さをマイナス、ラインの強さをプラスする方向でバランスを調整します。

おしゃれメイクにはこのアイテムをプラス！

☑ スムーサー

肌はP.66〜のミニマムメイクと同じ。ファンデを引き算して毛穴カバー用のスムーサー（補整下地）をプラス。

➡データはP.68

☑ リキッドアイライナー

アイラインは基本メイクの赤茶の代わりにグレーのリキッドを使って、甘さをマイナス。リキッドアイライナーが好きな人も、黒でなくグレーを使えば、抜け感が出てセンスよく見えます。

描き心地が抜群。にじみにくいのにぬるま湯で落とせます。ラブ・ライナー リキッド グレージュブラウン ¥1,600／msh

☑ オレンジリップ

肌の延長線上にあるオレンジは、トライしやすいのにおしゃれに見える色。鮮やかな色はツヤがあると派手に見えがちですが、マットなら顔になじみます。

なめらかな塗り心地で乾燥しにくい。肌を白く見せてくれます。デアリングリィディスティンクトリップスティック 08 ¥3,900／THREE

ARRANGE 3 / *base & eyebrow*

肌

ファンデレスで質感を整え
肌を軽やかに

肌は補整下地と全顔用下地、コンシーラーで凹凸やくすみを整え、
ファンデーションを省略することで軽さと抜け感を出します。
アレンジ1のミニマムメイク(P.69)と同じ肌です。

P.69と同様に、補整下地を毛穴の目立ちが気になる部分に仕込み、全顔用下地を塗った後、気になる部分にコンシーラーを。

眉

短めのストレート眉で
おしゃれ感をプラス

眉は顔のフレームなので、形によって顔の雰囲気が変わります。
短めのストレート眉にすると、甘さを抑えたおしゃれな雰囲気に。
パウダーだけでさらっと、下側に太さを足すと目元の彫りが深く。

基本メイク(P.52)を参考に、スクリューブラシとアイブロウパウダーだけで描く。下側に太さを足し、眉尻は短めのストレート眉に整えて。

ARRANGE ③ / *eye*

目

グレーのアイラインで
甘さを抑えてスタイリッシュに

アイホールに使う色を赤みの少ないライトカラーに変更し、アイラインは抜け感のあるグレーのリキッドに。マスカラは目尻を強めにしてすっきりと切れ長のスタイリッシュな目元に仕上げます。

R
▶P.20

↓

プラス
アイテム
▶P.80

↓

R
▶P.55

1
パレットアイシャドウ右上の**A**を指にとり、アイホールに。目尻側を長めに入れて、切れ長の目元に整える。

2
アイラインの前にまつげカーラーを(P.54)。目尻側を外側に流すように。

3
グレーのリキッドアイライナーで基本メイク(P.54)よりやや太めにラインを描く。目尻の先端が丸くなるように整えてカジュアル感を。

4
マスカラは基本メイク(P.55)と同様に塗った後、上まつげの目尻側半分に2度重ねて目尻を強調し、目の幅を横に広げる。

082

ARRANGE ③ / lip

| 唇 |

オレンジリップを
輪郭ぼかしのカジュアル塗り

肌も眉も目元も甘さを抜いて強さをプラスし、チークは省略。
土台を整えた上でマットオレンジの口紅を塗れば、顔にすっとなじんで
初心者でも抵抗なくつけられるはず。輪郭をぼかして自然な立体感を。

プラス
アイテム
▶P.80

1
スティックで唇全体に塗る。マットな口紅は縦ジワの中までしっかり入るよう、ペタッと押しつけるように塗るのがコツ。

2
綿棒でなぞるように輪郭を1周して、軽くぼかす。肌に溶け込むようになじむとともに、中央がふっくら見えて立体感も。

基本メイクを
アレンジ
4

黒ドレスに似合う
フォーマルメイク

パーティや会食、披露宴などの出席が
増える30代。メイクにも、いつもより
華やかさと上品さを加えます。
ブラウンレッドの
リップでフォーマル感を、
ジュエリーのようにキラキラの
目元でパーティ感を。

フォーマルメイクの作り方

黒ドレスのフォーマル感に似合う、ツヤを抑えたブラウンレッドの口紅をセレクト。まぶたはグレーの影色シャドウでリップを引き立て、キラキラの質感で華やぎをプラスします。その他は基本メイクからの微調整で。

フォーマルメイクにはこのアイテムをプラス！

☑ グレーアイシャドウ

リップの色が強いときは、目元をモノトーンにするとすっきり感が出て相性◎。透明感のあるグレーのアイシャドウで、陰影を作ります。

見た目より軽やかに色づき、透け感があるので使いやすいマットグレー。 ヴォランタリー アイズ 02 ￥2,000／セルヴォーク

☑ リキッドアイシャドウ

まぶたにキラキラの大粒ラメをのせると、まばたきのたびにきらめいて華やかに。デイリーメイクには控えても、パーティシーンならOKです。

大粒ラメぎっしり。ぴたっと密着して輝きが続きます。 ダズルシャドウ リキッド エブリ デイ イズ サンシャイン ￥2,900／M・A・C

☑ ブラウンレッドリップ

深みのあるブラウンレッドの口紅は、塗るだけで女度を高めてくれる色。色が強すぎると派手に映るので、ほどよく透明感のあるものを選んで。

仕事で使っても、自分で塗ってもほめられる色。上品なのに女っぽい。 スティック ルージュ 05 ￥4,000／レ・メルヴェイユーズ ラデュレ

ARRANGE ❹ / base & eyebrow

肌

パウダーは顔の中央だけにして、ツヤを生かす

フォーマル感を出したいので、肌は基本メイクと同様にきちんと仕上げます。
仕上げのパウダーはテカリやすい顔の中央だけにすると
頬の質感とのコントラストで、肌でも華やかな印象が作れます。

▶P.30

▶P.44

▶P.46

▶P.19

基本メイク(P.42〜47)と同様にファンデーションまで仕上げる。パウダーはくずれやすい目元(P.48)とTゾーンだけに。

眉

眉はやや細く、長めに描いて女らしさをプラス

黒ドレスに合わせてフェミニンな雰囲気を作るべく、
眉はやや細く長めの弓形美人眉に。テクニックやアイテムは
基本メイクと同じで、形作りを変えるだけです。

▶P.32

▶P.32

基本メイク(P.52)と同じ手順で描く。このとき、太さをあまり足さず、眉尻を3ミリ程度長く描いて弓形に仕上げる。

ARRANGE ❹ / *eye*

目

モノトーンのきらめきで
ブラウンレッドリップを生かす

肌や眉、唇にはフェミニンさをプラスしますが、まぶたは淡いグレーで色みをマイナスしてバランス調整。キラキラのリキッドアイシャドウを黒目の上下にのせて華やぎをプラスします。

プラス
アイテム
▶P.86

↓

プラス
アイテム
▶P.86

↓

R
▶P.34

↓

R
▶P.55

1
マットグレーのアイシャドウを薬指の腹にとり、アイホールよりやや広めに塗る。一度塗りで透け感を生かして。

2
上まぶたの中央、黒目の幅にキラキラアイシャドウを指でのせる。下まぶたにも黒目の幅にチップ(P.19)で入れて。

3
アイラインは基本メイク(P.54)の1〜3と同じ手順で描く。目尻は3ミリ程度跳ね上げ、小さい三角形を作るように整えて。

4
マスカラは下まつげに3度塗り、上まつげにはさらっと1度塗り。下まつげに重さを出すと、色っぽいまなざしに。

ARRANGE ❹ / *cheek & lip*

頬

チークレスで
ハイライトのツヤをプラス

目元のキラキラ感やリップの強さとバランスをとるために、
チークは入れず、ハイライトで頬のふっくらした立体感を表現します。
チークレスでもツヤがあると、もの足りなさを感じません。

▶P.25

ハイライトを指の腹にとり、
頬の高い部分にトントンと
のせる。

唇

ブラウンレッドリップは
山をとって女らしく

ブラウンレッドの口紅はきちんと輪郭をとり、丁寧に描くことで
エレガントな雰囲気になり、口元の清潔感も出ます。
ツヤを抑えたタイプなので、女っぽくなりすぎず使いやすいリップ。

▶P.28

プラス
アイテム
▶P.86

リップライナーで輪郭をと
った後、口紅をリップブラ
シで丁寧に塗る。上唇の山
を強調するように仕上げる
と女らしさがアップ。

089

素肌が見違える
丁寧スキンケア

メイクのテクニックで肌トラブルはある程度カバーできますが、素肌が潤って透明感があれば、メイクでのカバーはミニマムで済みます。いつもと同じ洗顔料や化粧水なども、つける量を変えたり、指使いを優しくするなど気持ちを新たに見直すだけで、肌の状態はぐんとよくなるはず。メイクの土台となる素肌作りに、さらに丁寧なやり方や新たなアイテムを試してみませんか？

Theory & Items

○ 洗顔

Washing
朝洗顔は肌の状態と相談しながら

皮脂が出にくく肌が乾燥している場合、朝は無理に洗顔料を使わず、ぬるま湯ですすぐだけのほうが調子がよいことも。テカリやすいときはふわふわに泡立てた洗顔料で気になる部分を中心に洗うなど、肌の状態と相談しながら洗い方や洗顔料を変えると、日中いい状態の肌を保てます。

泡に弾力があり、肌をこすらずに洗える洗顔料。乾燥肌でもしっとりとなめらかに洗い上がります。エンリッチ フォーミング ウォッシュ 125g ¥3,800／SUQQU

ゴワつきやくすみ、ゆらぎを感じるときは酵素洗顔料を。潤いを感じる洗い上がり。スイサイ ビューティクリア パウダーウォッシュ 0.4g×32個 ¥1,700（編集部調べ）／カネボウ化粧品

洗顔でも透明感って出せるんだ！と感動した一品。つっぱらずもちもちの肌に。ベネフィーク クレンジングフォーム[医薬部外品] 125g ¥3,500（編集部調べ）／資生堂

見違えスキンケア

○ 化粧水

Lotion
化粧水はすみずみまでたっぷりつけて

化粧水は透明感の要。たっぷり入れ込むと肌のきめが整い、見違えるように明るくなります。朝洗顔をしない人は、コットンにたっぷり含ませて汚れを優しく拭きとりながら保湿。その後、手のひらや指先でくぼみまで丁寧に入れ込みます。夜はさらにたっぷりの量を、手で浸透させて。

毛穴が気になる人にはこれ。肌の奥まで潤いをたっぷり届けてくれて、後肌のすべすべ感も気持ちいい。フィトチューン ハイドロ チューナー 200ml ¥5,000／コスメデコルテ

肌トラブルにマルチに働く高浸透ビタミンC配合の化粧水。ニキビがあったりハリのなさを感じるときに。VC100エッセンスローションEX 150ml ¥4,700／ドクターシーラボ

とろみのあるしっとり化粧水。肌の上でばしゃっと弾けて浸透します。手でたっぷりなじませやすいところも好き。オルビスユー ローション 180ml ¥2,700／オルビス

クリーム

Cream
朝も夜も、お手入れはクリームで締める

朝にクリームを使うと、肌の潤いを長時間保ってくれるのでツヤが続きます。指の腹全体にのばし、スタンプのようにごく薄くなじませれば肌に密着してメイクくずれ防止に。夜は朝の2〜3倍くらいたっぷりの量を、顔全体からうなじ、デコルテや腕まで塗って、余裕があれば軽くマッサージを。

ハリを失い始めた肌をすっきりとした印象に導いてくれるクリーム。ベタつきが苦手な人にも使いやすい感触です。
ターゲットエフェクト アドバンスト/S［医薬部外品］30g ¥13,000／イプサ

肌がふっくらもっちり、若返ったような印象に。少し贅沢ですが格段に肌質が変わっていくのを実感できます。
P.C. スキンミュニティ クリーム 49.5g ¥19,000／ヘレナ ルビンスタイン

なめらかで心地いいクリーム。使っていたら毛穴が目立たなくなった！と感動した1品です。SHISEIDO エッセンシャルイネルジャ モイスチャライジングクリーム 50g ¥6,500／SHISEIDO

見違えスキンケア

Cleansing
クレンジングはじんわり、低速で

○ クレンジング

肌のトラブルは乱暴なクレンジングから始まると聞いたことがあります。ウォータープルーフのマスカラは専用のリムーバーでこすらず浮かせ、顔全体にはミルクやクリームタイプのクレンジングで。じんわりと低速で、摩擦を起こさないようになじませ、すすぎもぬるま湯で優しく。

メイクとなじむのが速くて、こすらずするっと落とせます。クレンジング後の肌はスキンケアしたかのようなしっとり感。コンフォート メルト クレンジング クリーム 125g ¥4,800/SUQQU

汚れをしっかり落としてくれるのに肌への優しさを感じる、オーガニックのクレンジングミルク。香りも◎。モイスチャー クレンジング ミルク 100ml ¥3,000/ヴェレダ・ジャパン

コームタイプのマスカラリムーバー。これを使い始めて目元の負担がかなり減りました。時短にも！ ヒロインメイク スピーディーマスカラリムーバー 6.6ml ¥840/KISS ME（伊勢半）

Serum
美容液は肌悩みに合わせて選んで

○ 美容液

テカリやニキビが落ち着き始める代わりに、シミやくすみ、ハリのなさなどの悩みが現れ始める30代の肌。自分の肌状態を観察し、必要な美容液を取り入れて。私は目的別にいくつか用意して、その日の肌に合わせて選んだり、気になる部分には集中美容液をプラスしたりしています。

血行を促してくすみをケアする、炭酸配合の泡美容液。メイク映えする肌になるので続けられます。SOFINA iP ベースケア エッセンス 90g ¥5,000（編集部調べ）/花王

シミの気になる部分にピタッと密着する美白美容液。一年中、本当に頼りにしています。ホワイトショット SXS[医薬部外品] 20g ¥12,000/ポーラ

ゆるんだ肌をキュッと引き上げてくれます。ベタつかずなめらかな使用感もパーフェクト！ パーフェクショニスト プロ F+L セラム 30ml ¥11,000/エスティ ローダー

肌に必要な栄養を補い、ヘルシーなツヤを出してくれる。香りでも気持ちが高まって、翌朝は心身ともいい感じに。ダブル セーラム EX 30ml ¥11,000/クラランス

(オイル etc.)

Plus items
その他、30代になったら取り入れたいもの

とにかく肌を乾燥させないことが大切なので、今までシンプルケアで終わらせていた人は、潤いを充分すぎるほどに与えてみて。おすすめは、お風呂で洗顔後、湯船に浸かる前にオイルをなじませること。乾燥を防いで肌を柔らかくしてくれます。アイクリームやマスクも、肌力の底上げに。

アイケア

主に朝のお手入れに使っている、さらっとしたアイクリーム。メイクのノリがよくなり、メイクの上からも使えます。
イーブン ベター アイ 9g ¥5,000／クリニーク

投資した以上の効果を実感できたアイクリームです。コクがあってピタッと密着し、乾燥も小ジワも防いでくれます。B.A アイゾーンクリーム 26g ¥18,000／ポーラ

オイル

ピュアなオーガニックのアルガンオイル100％で、肌なじみ抜群。ビオオイル アルガンオイル 50ml ¥3,600／メルヴィータジャポン

洗面所に常備し、お風呂上がりにすぐ塗ります。クリームに混ぜて使ったりも。ヨンカ ニュートリ+ 15ml ¥7,600／YON-KA

マスク

即効性に惚れました。夜使っても、メイク前でも肌の調子が格段に上がります。アドバンス ナイト リペア アイ マスク 3.8ml(2枚)×4セット ¥4,800／エスティ ローダー

週に1回でも取り入れて欲しい、リッチな濃厚美容液マスク。肌のきめが整って、潤いが続きます。セルアドバンス マスク WR 26ml×6枚 ¥8,000／カバーマーク

ぐんぐん浸透して、内側からハリが満ちる感じにハマっています。ファミュ アイディアルオイル 30ml ¥6,000／FEMMUE

メイクの疑問とお悩み、
すっきり解決

本書を作るにあたり、30代の女性たちに
メイクのお悩みアンケートをとりました。
Lesson1～3に、疑問や悩みの解決となる内容を
できる限り盛り込みましたが、
入りきらなかった内容をここでご紹介します。
うまくいかないメイクのコツや肌悩み別の
カバー方法、似合う口紅の見つけ方など、
ひとつずつ試して、もっとメイクを
楽しんでいただけたらうれしいです。

Q&A #01

Question

" 眉が左右対称に描けない "

Answer

利き手と反対側の眉から
始めると描きやすい

利き手側の眉は反対側よりも描きやすいので、先にそちらを仕上げてしまうと、難しい方をそれに合わせて描くことになり、失敗しがち。利き手と反対側の眉から始めつつ、交互に少しずつ仕上げていくと、左右対称に仕上がりやすいです。

1
右利きの人なら左、左利きなら右の眉は、手をクロスさせて描くのでバランスがとりづらいもの。あえて、難しい方からスタートを。

2
左右対称にするために、眉頭、眉中、眉尻の3パートに分けて描くのもひとつの方法。1パートずつ左右交互に仕上げていく。途中鏡を動かしたりしても描きやすい。

Q&A #02

Question
❝ マスカラを塗っても目が大きくならない ❞

Answer

目尻、目頭、中央と分けて きっちり塗って

目頭や目尻の最後の1本まで、きちんと塗れていないせいかもしれません。まつげカーラーを使うときも目頭と目尻のまつげを意識し、マスカラは3パートに分けて丁寧に塗ってみて。鏡を左右に動かしながら塗るときれいに塗れます。

1 目幅を3等分し、まずは目尻のまつげから塗り始める。ブラシの先端をあて、外側に動かすと目尻が切れ長の印象に。

2 続けて目頭側。ブラシの先端をあてて内側に向けて動かし、短い毛にもしっかりつけると、目幅が内側に広がって見える。

3 最後に中央のまつげ。ブラシの腹を下からぐっと差し込み、一度固定して根元に液をたっぷり行き渡らせる。

4 そのまま毛先に向けてブラシをすっと動かす。鏡でチェックし、ボリューム感がもの足りないようなら1〜4を繰り返して。

Q&A #03

Question
❝ 寝坊しちゃった！
メイクのどこを手抜きすればいい？ ❞

--- Answer ---

優秀なBBクリームを
常備しておきましょう

個人的にBBクリームはあまり使わなかったのですが、「オンリーミネラル」のBBで開眼。しっとりとツヤがあってカバー力もほどよい、優秀なBBクリームがあればベースメイクは時短できます。指の面で、保湿クリームのようになじませて。

2
顔の中心から外側へ向け、フェイスラインや細かい部分が薄くなるように丁寧に塗る。余力があればパウダーを重ねて。

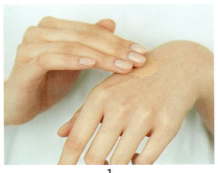

1
スキンケアの後、パール粒大のBBクリームを手の甲にとり、人差し指、中指、薬指の腹にとる。

肌に負担なく使える敏感肌ブランドのBBクリーム。みずみずしいツヤ肌に仕上がります。UVイデアXL プロテクション BB SPF50+・PA++++ 全2色 各30ml ¥3,400／ラ ロッシュ ポゼ

BBクリームは苦手だったのですが、これを使って大好きになりました。うるっとピュア肌に。オンリーミネラル ミネラルエッセンスBBクリームSPF25・PA++ 全3色 各30g ¥4,000／ヤーマン

Q&A #04

Question

❝ 日中、まつげが下がってきてしまう ❞

------ *Answer* ------

フェイスパウダーや下地、
ホットカーラーで解消

空気中の湿度や、スキンケアやアイシャドウの油分によって、カールのもちが悪くなり下がってしまうことが。まつげにフェイスパウダーを仕込むとさらっとしてキープしやすくなります。それでも下がる場合は、下地やホットカーラーで固定して。

R ▶P.19

1
マスカラをつける前に、フェイスパウダーをアイシャドウチップでまつげに少量のせる。油分を吸収してくずれにくく。

2
パウダーの上にマスカラ下地を重ねる。根元からしっかり塗り、少しおいて乾いてからマスカラを全体に重ねる。

モデルさんにもファンが多い、カールキープに優れたマスカラ下地。マスカラの仕上がりも格段に上がります。カールラッシュ フィクサー ¥3,000／エレガンス コスメティックス

3
マスカラの仕上げにホットカーラーをあてる。根元にあてて数秒(フィルムタイプのマスカラの場合は手早く)おいてから毛先に向けて動かし、カールを固定する。

まつげを傷めず、仕上げたい角度に決まるホットカーラー。コームの細かさが絶妙。まつげくるん(セパレートコーム) EH-SE50P ¥2,900(編集部調べ)／パナソニック

101

Q&A #05

Question
"肌悩みが上手にカバーできない"

Answer

適材適所の
コンシーラー or 下地をプラス！

Lesson2でご紹介したパレットコンシーラー（P.44）は、あらゆるトラブルに対応する万能タイプ。でも、うまくカバーできない場合はそれぞれに適した形状やカバー力のコンシーラーや下地を使い分けると、より自然にカバーできます。

① "ほうれい線"の悩みには…

ほうれい線は色ではなく"影"、そしてよく動く部分なので、明るい色のヨレにくいリキッドコンシーラーで影を飛ばします。

1
ほうれい線が最も深く見えるのは、小鼻のつけ根のくぼみ。ファンデの後、コンシーラーをこの部分だけにブラシで塗る。

2
指の腹で、塗った部分の境目をぼかすようになじませる。深い部分が明るくなるだけで、ほうれい線は目立たなくなる。

色と光の相乗効果でくすみを飛ばしてくれるリキッドコンシーラー。さらっとした感触で長時間ヨレません。 コンシーラー ペン 02 ¥2,600／ポール＆ジョー ボーテ

② "毛穴"の悩みには…

小鼻の毛穴や頬の内側の開いた毛穴など、大きな毛穴には部分用の補整下地をプラス。全顔用下地の前に使ってフラットに。

▶P.68

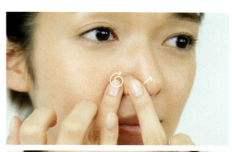

1
薬指に補整下地をとる。反対の指で鼻筋を軽く倒して塗りやすくし、小鼻や頬の内側などにくるくると塗り込む。

2
仕上げに指の腹で塗った部分をなでるようにして、表面をフラットに整える。この後に全顔用下地やファンデを重ねて。

③ "くま"の悩みには…

くまの色を打ち消す、オレンジベージュのコンシーラーがおすすめ。動きにフィットするリキッドタイプならヨレも防げます。

1
下地の後、くまの下側の最も濃い部分を中心にリキッドコンシーラーを塗る。涙袋に塗ると立体感が消えるので、避けて。

2
塗った部分の縁を指でぼかすようにして、肌になじませる。この後ファンデを、コンシーラーを避けるように塗る。

肌の動きに合わせて密着するので、目元のカバーに愛用しています。明るく仕上がるオレンジベージュ。ラディアントクリーミーコンシーラー 1243 ¥3,600／NARS

④ "ニキビ"の悩みには…

ベースメイクが仕上がった後、パレットコンシーラーをペタッと厚めに塗ってしっかりカバー。さらにパウダーで固定します。

▶P.44

1
ベースメイクの最後に、付属のブラシにコンシーラーをとり、ニキビを覆うようにペタッとおく。数回繰り返してカバー。

2
綿棒（またはティッシュで拭いたブラシ）でコンシーラーの縁を1周するようにそっと触れ、塗った部分を肌に溶け込ませる。

3
アイシャドウチップにフェイスパウダーを含ませ（ともにP.19のもの）、コンシーラーを塗った部分にそっと重ねて固定する。

⑤ "色ムラ"の悩みには…

疲れているときに現れる色ムラは、ラベンダーのコントロールカラーで飛ばして。全顔ではなく、くすんだ部分だけに使います。

透け感と発色のバランスがちょうどよく、くすみが自然にトーンアップ。 コフレドール カラースキンプライマーUV 02 SPF15・PA+ 25g ¥2,800（編集部調べ）／カネボウ化粧品

全顔用の下地の後、顔の中心部など色ムラが気になる部分だけにコントロールカラーをなじませる。その後ファンデを。

⑥ "広範囲のシミ"の悩みには…

頬や鼻の周りにシミ・ソバカスが広範囲にある場合は、コンシーラーとファンデを混ぜたものを塗って、面で一気にカバー。

▶P.44

1
下地を塗った後、少量のファンデとコンシーラーを手の甲にとり、指の腹で混ぜてカバー力の高いベースを作る。

2
気になる部分に、指でポンポンとおくようになじませてカバーする。それ以外の部分にはファンデだけを薄く塗る。

Q&A #06

Question
"新しい口紅を1本買い足すなら？"

Answer

ピンクベージュが おすすめです

「いつも同じ口紅ばかりになってしまう」という人が買い足すなら、Lesson2でもご紹介したピンクベージュ。白浮きせず大人のナチュラル感を引き出してくれます。淡い色と深い色で印象が変わるので、好みで選んで。

淡いピンクベージュなら ふんわり優しい顔に

にごりがなく明るいピンクベージュは、甘く優しげな雰囲気を作る色。チークやリップも明るい色でまとめると、しっくりはまります。

深いピンクベージュなら きちんと感アップ

ピンクベージュにやや赤みを足したような色は、きちんと感があり、オフィスシーンなどで活躍します。色が深い分肌を明るく見せる効果も。

赤みの強いピンクベージュ

★使用アイテム

ほんのりローズがかった、大人のピンクベージュ。顔色が悪くなりがちな人の頬もしい味方。ラブソリュ ルージュ S264 ¥4,000／ランコム

適度な赤みと透明感があるので、誰にでも使いやすい色。ルージュ ヴォリュプテ シャイン 87 ¥4,100／イヴ・サンローラン・ポーテ

淡いピンクベージュ

★使用アイテム

ゴールドパールが唇をふっくらかわいく見せてくれます。エレガンス クルーズ ライブリールージュ BR02 SPF20 ¥2,500／エレガンス コスメティックス

発色がよくツヤ感も続くので、忙しくて塗り直せない人におすすめ。コフレドール ピュアリースタイルージュ BE-235 ¥2,500（編集部調べ）／カネボウ化粧品

Q&A #07

Question
"赤リップに憧れるけれど、気後れしちゃって使えない"

Answer

自分に似合う色や、つけ方を探してみて

赤リップとひとことで言っても、黄み寄りの赤から真紅、ボルドーレッドまで、色のトーンはさまざま。赤は似合わないから……と気後れせず、お店で実際に試してみれば、自分の顔立ちや肌の色に溶け込む赤がきっと見つかるはずです。また、赤リップの印象は他のメイクとのバランスでも変わります。左の3つのやり方を試して、自分にしっくりくるバランスをみつけて。

まずはいろんな赤を試してみる

下の3本の赤は似ているように見えて、それぞれ赤のトーンも発色も質感も異なります。質感はツヤだとより華やかに見え、マットだと軽さが出ます。赤リップ初心者ならマットやセミマットだとトライしやすいかもしれません。

青みレッド / ツヤ

とろけるようなツヤがあり、初心者向け。やや青みがかっていて肌が明るく見えます。エクスタシー シャイン 400 ¥4,400／ジョルジオ アルマーニ ビューティ

ピンクレッド / セミマット

柔らかなピンクレッド。セミマットな質感とあいまって、かわいげな雰囲気に仕上がります。クラッシュド リップ カラー 12 ¥3,700／ボビイ ブラウン

ニュートラルレッド / サテンマット

★
使用
アイテム

洗練された赤で、質感はサテンマットなところがかわいく、トライしやすい。ルージュ ディオール 999 ¥4,200／パルファン・クリスチャン・ディオール

赤リップのなじませ方 3通り

① 眉を強く描いて バランスをとる

眉を太く直線的に描くと、唇の強さとバランスがとれ、顔の中で赤リップだけが目立つような感覚がなくなります。

② チークで 色みをつなげる

赤リップにはノーチークという手法もありますが、逆にチークをきちんと入れると血色感が出て、赤がなじみます。

③ アイシャドウを省いて 抜け感を出す

もともと顔が濃い場合、赤を塗るだけで派手に見えることも。アイシャドウを抜くと、シンプルでおしゃれな雰囲気に。

おしゃれ度が上がる
3つのヘアアレンジ

おしゃれで素敵な女性に見せるために、
メイクはもちろん大切なのですが、全身や横顔、
後ろ姿などでは"髪"が印象の決め手になることも。
メイクはいい感じなのに髪は……では
もったいないから、朝の外出前、
髪にも少しだけ手間をかけてみませんか？
ストレート、1本結び、ウェーブという
普段の何気ないスタイルをおしゃれに見せる、
簡単なニュアンスの作り方をご提案します。

HAIR #01

STRAIGHT *style*
\ ストレートスタイル /

ストレートヘアは動きをつけると軽やかに

ストレートヘアは、ヘルシーなツヤと軽やかな動きがあると甘さがプラスされ、かわいい雰囲気に。ブローやアイロンの仕上げにナチュラルなヘアバームをもみ込み、指でつまんで動きを出すというひと手間がポイントです。

3
仕上げに毛先をつまんで軽くねじり、束感を出す。全体をランダムにつまんだら完成。

2
まずは髪の内側に両手を差し込んでもみ込む。続けて毛先→後頭部→両サイドへ。最後に前髪になじませる。

1
ブローやストレートアイロンで髪を整える。ヘアバームを適量（ボブで直径1cm程度）手に取り、両手の指の間まで広げる。

★ 使用アイテム

髪にもボディにも使えるマルチバーム。ルベル モイ バーム ウォークインフォレスト 37g ¥2,600／タカラベルモント（ヘアサロン専売品）

HAIR #02

\ アップスタイル /
UP *style*

仕事の定番、1本結びヘアはニュアンスが命

作業の邪魔にならず機能的、朝の身支度もラクな1本結びですが、ただ結ぶだけでは味気ない印象にもなりがち。まとめるときの毛流れ作りや後れ毛の出し方で、ニュアンスがついてこなれた雰囲気に。

3
仕上げに後れ毛を出す。もみあげ、耳の後ろ、えり足の3か所から細い毛束をつまみ出し、ワックスなどをつけてねじる。

2
サイドの髪を小さい束でつまみ、半分ねじって動きをつけ、ピンで固定する。両サイドを3〜4か所ずつねじって。

1
髪全体に手ぐしを何度か通して毛流れを作り、ゴムで結ぶ。ワックスなどを少量手になじませておくと毛流れがつきやすい。

★ 使用アイテム

少量の毛束もしっかり留めることができ、抜けにくい。小さいので目立たないのも◎。マペペ スモールピン 40本 ¥200／シャンティ

LESSON-5　LESSON-4　LESSON-3　LESSON-2　LESSON-1

HAIR #03

\ ウェーブスタイル /
WAVE *style*

ランダムなウェーブヘアで脱・コンサバ

アイロンで巻くのはつい、流れ作業のようになってしまいがちですが、少し意識を変えて巻き方をランダムにしてみると、今っぽいムードが作れます。外巻き、斜め巻き、ストレート（巻かない）の3つを組み合わせて。

3
ブロッキングをはずし、表面の髪も同様に巻く。仕上げに指でまとまった毛束をさいてねじり、動きを出す。

2
隣の毛束をとり、斜めに巻く。ところどころに巻かない部分を残しながら、外巻き、斜め巻き、と交互に巻いていって。

1
髪の表面をブロッキングし、内側にスプレーをかける。まずは顔周りの毛束をとり、アイロンで毛先を外巻きに。

★ 使用アイテム

揺れる自然なカールをキープ。ニゼル ドレシア スプレー スウィングムーブヴェール 180g ¥1,600／ミルボン（サロン専売品）

★ 使用アイテム

素早く温まって熱も均一にかかるカールアイロン。ボブやミディアムを巻きやすい太さ。アイビル DHセラミックアイロン 25mm ¥8,000／トリコ インダストリーズ

116

COLUMN

見違えるメイクのために
伝えたい、大切なこと

SOMETHING IMPORTANT
1

清潔感を左右するのは
クリアな"目"と"歯"

　10代のモデルの瞳はキラキラで、白目も真っ白。そんな、潤って澄んだ瞳が好きです。ドライアイだと目が開きにくくしょぼしょぼになり、コンタクトレンズを使っていれば不調も現れます。それが原因で疲れ目に見えたり、白目がくすんだり、充血したり……。瞳をケアすることで、まず若々しく見えます。それに、瞳が潤っているとそれだけでかわいさがアップします。

　もうひとつ、気をつけたいのが歯のくすみ対策。毎日忙しい中、美容室や整体に通うなどいろいろ美容に気を配っていても、歯のホワイトニングまでは手が回らない人が多いのではと思います。ぜひ一度、プロに診てもらってください。自分が思っている以上に、人の視線は口元へいくもの。白い歯ってやっぱり美しく、気持ちがいいです。歯がきれいになることで、肌のくすみにも気づくことができ、スキンケアを頑張るきっかけにもなります。

美を作る要素は、メイクやスキンケアだけではありません。
本当にきれいなのは、内面からにじみ出るような清潔感と健康美。
仕事や周囲の人たちとの会話など、日々のさまざまなことから
私が大切にするようになったことを、お伝えしたいと思います。

SOMETHING IMPORTANT
2

スポンジやブラシなど、メイクツールは常に清潔に

　仕事で使うスポンジやパフ、アイシャドウチップなどのメイクツールは、1日が終わると石けんで洗って清潔を保つようにしています。洗い方は、ツールをぬらし、石けんを塗り込んでくしゅくしゅもむように汚れを浮かせます。ぬるま湯ですすぎ、風通しのいい場所で乾かせば、翌朝も気持ちよく使えます。パウダー用のブラシ類は毎晩ティッシュで表面全体と内側の汚れを拭きとり、定期的に、石けん水の中でふり洗いしています。リキッド用のブラシは雑菌がたまりやすいので、こまめに洗います。

　自分のスポンジやチップを頻繁に洗わないという人は、意外に多いようです。できれば毎日、無理でも週に2〜3回は洗うようにしましょう。私は、バスルームにツール洗浄用の石けんを置いて、お風呂に入るついでに洗うようにしています。ブラシは、ティッシュに吹きつけると汚れ落ちがよくなるスプレー式のクリーナーもあるので、試してみて。

おすすめアイテム

スポンジやパフ、チップの洗浄に、毎日使っている石けん。汚れがよく落ちます。キューピー ベビーせっけん 90g ¥150／牛乳石鹸

便利なスプレータイプのクリーナー。ティッシュに吹きつけ、ブラシを拭いて汚れをオフ。クイック チェンジ ブラシ クリーナー 110ml ¥1,800／ベアミネラル

COLUMN

SOMETHING IMPORTANT
3

美容グッズを取り入れて、お手入れの効果をアップ

　30代になって、表面的なこと以外に目を向ける心の余裕ができた気がします。プラス、今までと同じお手入れでは徐々に追いつかなくなってきて(笑)、セルフケアにいろいろと取り入れるようになりました。たとえば、リラックスや安眠、ストレスケアなど目的別に精油を配合したオイルを持ち歩いたり、枕を自分に合ったものに替えてみたり。そのうちのひとつが、良質な美容家電です。

「パナソニック」のスチーマーは、仕事にも自分用にも日々使っています。クレンジングの前やスキンケアのときに蒸気を浴びていると、ゴワついた肌が柔らかくなり、水分を含んで透明感が出てきます。顔のむくみを流してくれる「リファ」のローラーは、小顔のために欠かせないアイテム。私は、小さいタイプが好きです。顔の凹凸にぴったりフィットするので、コロコロするだけで気持ちよく、的確なマッサージ効果を発揮してくれます。

おすすめアイテム

シンプルな操作で使いやすい、コンパクトサイズのナノスチーマー。 スチーマー ナノケア EH-SA39 ¥20,000（編集部調べ）／パナソニック

肌をつまみ流すドレナージュ効果のローラー。目元や口元はもちろん、顔全体にも使えるミニサイズ。 リファ エスカラット ¥14,500／MTG

SOMETHING IMPORTANT

4

髪がきれいだと
雰囲気がきれいに見える

　メイクが決まっていてかわいい服を着ていて
も、髪がボサボサだったりパサついていたりす
ると、残念な印象に。後ろ姿では、髪がその
人の印象を決める重要なパーツになります。
理想は健康でツヤのある髪ですが、カラーや
パーマなどを重ねてダメージが進んでいる人も
多いかもしれません。ヘアオイルをつけるとツ
ヤが出るので一瞬きれいに見えたりしますが、
時間が経てばパサついてくるし、その場しのぎ
のお手入れはやっぱりダメ。髪のお手入れに
も手間と時間をかけましょう。

　私は、夜シャンプーをした後、しっかり乾か
してから寝るようにしています。これは意外と
大切で、夜しっかり乾かしておけば枕との摩
擦で髪が傷むこともないし、ある程度整ってい
るので朝は軽くブローするだけで、髪に不要
なダメージを与えません。その他、シャンプー
前にブラッシングしたり、お湯で30秒〜1分
程度"予洗い"をすることも大切です。

COLUMN

SOMETHING IMPORTANT
5

食事や飲み物に気をつけて 健やかな美しさを

　20代のころは冷たい飲み物（氷入りも！）を じゃんじゃん気にせず飲んでいました。20代 後半くらいから徐々に体の不調を感じるように なって、ある日「白湯」にふと興味をもち、調 べてみると奥が深く体にいいことだらけなのに 驚き。アーユルヴェーダを起源として、冷え症 の改善、肩こりや腰痛の緩和、免疫力のアッ プなど、さまざまなメリットがあるそうです。最 初は慣れなかったのですが、だんだん体に滲 みる感じがわかるようになり、気づいたら習慣 に。1日700〜800ml程度を、日中もこまめ に飲んでいます。若いころに年上のモデルさん が白湯を飲んでいる姿をよく見ていましたが、 今思えばすごく納得です。

　それ以外にも、甘酒や青汁を飲んだり、健 康の要となる腸にいい乳酸菌をとったりと、不 調になる前のインナーケアを心がけるようにな りました。きれいになるための早道は、まず健 康でいることだと実感しています。

SOMETHING IMPORTANT
6

足りない栄養は
サプリメントで補って

　以前はニキビがひどく、クリニックに通ってもなかなか治らなくて。日々の食事の偏りが影響していると気づき、ビタミン類のサプリメントを取り入れるようにしたら、だいぶ改善しました。今は日々の習慣にして、ニキビができる前に予防しています。皮膚科クリニックで処方してもらったり、市販のものを取り入れるなど、自分のライフスタイルに合うやり方で始めてみるのはおすすめです。

　もうひとつ、欠かせないのが"飲む日焼け止め"。抗酸化成分たっぷりのUVケアサプリです。仕事でロケが多く、春先は毎日外にいるような状況で、夏になる前から日焼けしてしまうんです。でも、日焼け止めをしっかり塗りつつ、UVケアサプリを飲み始めてから、日焼けを格段に防ぐことができています。日焼けはシミやくすみだけでなく、将来のたるみにもつながるので、外で過ごす機会が多い人は、ぜひ取り入れてみてください。

おすすめアイテム

1包1000mgのビタミンCを配合した液状サプリ。肌荒れやシミ予防、疲れ対策にも効果的。リポカプセル ビタミンC 30包 ¥7,200／スピック

信頼して飲み続けているUVケアサプリ。ヘリオケア ピュアホワイト ラディアンス マックス240 60粒 ¥9,800／イムノサポート

epilogue

この本を手にとって最後まで読んでいただき、

本当にありがとうございました。

私はヘア＆メイクの仕事をしていますが、

決して美人でも華やかでもなく、ごくごく普通なタイプだと

思っています。そんな自分も含め、同世代の女性、

悩める全女性——普通の女性が素敵に見える

メイクのコツを提案したい！という思いが、

本書を作るきっかけとなりました。

雑誌などの仕事でいつも心がけているのは、

「まねできそう！」「トライしたい！」と思って

いただけるメイクをすることです。

提案するテイストを問わず大事にしているのは、

ピュアさとかわいさ、品、バランス、そしてミニマムさ。

無駄は省いて手早くきれいになれるに越したことはないと、撮影現場でも、自分のメイクのときも感じています。

ほんの少しの意識ややり方を変えるだけできれいになれるメイクのコツを、本書にはたくさん詰め込ませていただきました。

難しいことは考えず、まずは気になるところからぜひトライしてみてください。「いつもと違う」「なんかいい感じ」と少しの変化に出逢って笑顔になる方が、ひとりでも増えたらうれしいです♡

最後に、佐藤栞里さんをはじめ、この本の制作に関わってくださった全ての方々に感謝を申し上げます。

2019年6月　河嶋 希

CREDIT

ボビイ ブラウン	☎ 0570-003-770
ポーラ お客さま相談室	🆓 0120-117111
ポール & ジョー ボーテ	🆓 0120-766-996
M・A・C	☎ 0570-003-770
マキアージュ	🆓 0120-456-226
マリークゥント コスメチックス	☎ 0120-53-9810
ミルボン お客様窓口	🆓 0120-658-894
メイベリン ニューヨーク お客様相談室	☎ 03-6911-8585
メルヴィータジャポン	☎ 03-5210-5723
ラ ロッシュ ポゼ お客様相談室	☎ 03-6911-8572
ランコム	☎ 03-6911-8151
リンメル	🆓 0120-878-653
レブロン	🆓 0120-803-117
レ・メルヴェイユーズ ラデュレ	🆓 0120-818-727
ローラ メルシエ ジャパン	🆓 0120-343-432
ヤーマン	🆓 0120-776-282
YON-KA	☎ 03-6433-5571

CLOTHES' CREDIT

[カバー、P2〜3]
ブラウス／ソレイアード（ソレイアード 自由が丘店）
[P4〜5]
ジャケット／ジェーン スミス（UTS PR）
イヤリング、ストーンリング、太リング／
全てルフェール（UTS PR）
[P6〜7]
シャツ／ネル（シップス プライマリーネイビーレーベル）
イヤリング、バングル／共にスタイリスト私物
[P8〜9]
ワンピース／ミュラー オブ ヨシオクボ
イヤークリップ／スタイリスト私物
[P10]
タンクトップ／エイトン
（プリファー シップス NEWoMan 新宿店）
パンツ／フィーニー
ピアス／ニナ＆ジェル（プラージュ 代官山店）
バングル／スチュードベイカー メタルズ
（グラストンベリーショールーム）
リング全て、腕時計／本人私物
[P19]
タンクトップ／ハクジ（ブランドニュース）
[P35]
ジャケット／リー マシュー
イヤリング／デミルクス ビームス（共にデミルクス ビームス 新宿）
タンクトップ／エイトン（プリファー シップスNEWoMan 新宿店）

COSMETICS' STORE DIRECTORY

ADDICTION BEAUTY	🆓 0120-586-683
RMK Division	🆓 0120-988-271
rms beauty	☎ 03-6427-8177
イヴ・サンローラン・ボーテ	☎ 03-6911-8563
伊勢半	☎ 03-3262-3123
イプサお客さま窓口	🆓 0120-523543
イムノサポート	☎ 03-3667-5021
ヴェレダ・ジャパン	🆓 0120-070-601
SK-Ⅱお客様相談室	🆓 0120-021-325
エスティ ローダー	☎ 0570-003-770
msh	🆓 0120-131-370
MTG	🆓 0120-467-222
エレガンス コスメティックス	🆓 0120-766-995
オルビス	☎ 0120-010-010
貝印	🆓 0120-016-410
花王	🆓 0120-165-696
カネボウ化粧品	🆓 0120-518-520
カバーマーク カスタマーセンター	🆓 0120-117133
キールズ	☎ 03-6911-8562
牛乳石鹸	☎ 06-6939-2080
クラランス	☎ 03-3470-8545
クリニーク お客様相談室	☎ 0570-003-770
コスメデコルテ	🆓 0120-763-325
コーセー	🆓 0120-526-311
SHISEIDO	🆓 0120-587-289
資生堂	🆓 0120-81-4710
シャンティ	🆓 0120-56-1114
シュウ ウエムラ	☎ 03-6911-8560
ジョルジオ アルマーニ ビューティ	☎ 03-6911-8411
ジルスチュアート ビューティ	🆓 0120-878-652
SUQQU	🆓 0120-988-761
スピック	🆓 0120-663-337
THREE	🆓 0120-898-003
セザンヌ化粧品	🆓 0120-55-8515
セルヴォーク	☎ 03-3261-2892
ルベル／タカラベルモント	🆓 0120-00-2831
ドクターシーラボ	🆓 0120-371-217
トリコ インダストリーズ	☎ 06-6567-2870
トーン	☎ 03-5774-5565
NARS JAPAN	🆓 0120-356-686
24h cosme	🆓 0120-24-5524
ネイチャーズウェイ	🆓 0120-677167
白鳳堂	🆓 0120-1425-07
パナソニック	🆓 0120-878-697
パルファン・クリスチャン・ディオール	☎ 03-3239-0618
FEMMUE	🆓 0120-201-790
ベアミネラル	🆓 0120-24-2273
ヘレナ ルビンスタイン	☎ 03-6911-8287

[P116〜117]
ニット／グリード インターナショナル
キャミソール／ベッド＆ブレックファスト
（共にグリード インターナショナル トウキョウ ストア）
イヤリング／ドミニク ドゥネイヴ（プラージュ 代官山店）

CLOTHES' STORE DIRECTORY

UTS PR	☎ 03-6427-1030
FUN	☎ 03-3407-3766
カージュ ルミネエスト新宿店	☎ 03-5312-7597
グラストンベリーショールーム	☎ 03-6231-0213
グリード インターナショナル トウキョウ ストア	☎ 03-6721-1310
ゲストリスト	☎ 03-6869-6670
ジオン商事	☎ 03-5792-8003
シップス 渋谷店	☎ 03-3496-0481
シップス プライマリーネイビーレーベル	☎ 03-3561-0552
シップス 有楽町店	☎ 03-5252-7748
ジャーナル スタンダード 自由が丘	☎ 03-5731-0128
ショールーム セッション	☎ 03-5464-9975
スローン	☎ 03-6421-2603
セルフォード 新宿ルミネ1店	☎ 03-6279-4750
ソレイアード 自由が丘店	☎ 03-3724-5032
ティッカ	☎ 076-221-5355
デミルクス ビームス 新宿	☎ 03-5339-9070
トゥモローランド	☎ 0120-983-511
フィーニー	☎ 03-6407-8503
プラージュ 代官山店	☎ 03-5428-5098
フラッパーズ	☎ 03-5456-6866
ブランドニュース	☎ 03-3797-3673
プリファー シップス NEWoMan新宿店	☎ 03-5361-7375
ブルーバード ブルバード	☎ 03-5772-1551
マッキントッシュ フィロソフィー 新丸ビル店	☎ 03-3214-5015
ミュラー オブ ヨシオクボ	☎ 03-3794-4037
リフラティ シップス ルミネ横浜店	☎ 045-444-0186

[P40〜41]
カーディガン／
ハウント／ハウント代官山（ゲストリスト）
スカート／ジャーナル スタンダード ニュウ
（ジャーナル スタンダード 自由が丘）
ピアス／イケレレ（リフラティ シップス ルミネ横浜店）
太リング／シンパシー オブ ソウル スタイル（フラッパーズ）
細リング／マリハ（ショールーム セッション）
バッグ／ボルドリーニ セレリア
（マッキントッシュ フィロソフィー新丸ビル店）
パンプス／ルチェンティ（ゲストリスト）
ネックレス／スタイリスト私物
[P51、59]
T シャツ／ティッカ
[P66〜67]
ワンピース／ブルーバード ブルバード
[P72〜73]
カットソー、キャミソール／
共にハウント／ハウント代官山（ゲストリスト）
ピアス／サンク オクトーブル（シップス 有楽町店）
バングル／ソコ（シップス 渋谷店）
[P78〜79]
シャツ／アダワス（ショールーム セッション）
スカート／ブルーバード ブルバード
サンダル／チェンバー（エフユーエヌ）
ピアス／インク＋アロイ（シップス 渋谷店）
[P84〜85]
ワンピース／セルフォード（セルフォード 新宿ルミネ1店）
イヤークリップ／スタイリスト私物
[P91〜93]
タンクトップ／チノ（デミルクス ビームス 新宿）
[P106]
ブラウス／トゥモローランド コレクション（トゥモローランド）
ピアス／ジービンスキー（デミルクス ビームス 新宿）
[P107]
シャツ／トゥモローランド コレクション（トゥモローランド）
ピアス／ノース ワークス（UTS PR）
[P109]
T シャツ／ジャン_ヌレ（ショールーム セッション）
右上ピアス／シンパシー オブ ソウル スタイル（フラッパーズ）
左上ピアス／ランドシヌール（カージュ ルミネエスト新宿店）
右下イヤリング／スタイリスト私物
左下ピアス／スリーフォータイム（ジオン商事）
[P112〜113]
ピアス／ソコ（シップス 渋谷店）
ブラウス／スタイリスト私物
[P114〜115]
ニット／スローン
リング／全てマリハ（ショールーム セッション）
イヤリング／スタイリスト私物

※本書に掲載されている情報は2019年5月時点のものです。
商品やブランドについての情報は変更になる場合があります。
※商品価格は税抜き表示です。

見違える、私メイク

著者	河嶋 希

2019年7月4日　初版発行

発行者	横内正昭
発行所	株式会社ワニブックス 〒150-8482 東京都渋谷区恵比寿4-4-9 えびす大黒ビル
電話	03-5449-2711（代表） 03-5449-2716（編集部）
ワニブックスHP	http://www.wani.co.jp/
WANI BOOKOUT	http://www.wanibookout.com/

印刷所	凸版印刷株式会社
DTP	株式会社オノ・エーワン
製本所	ナショナル製本

定価はカバーに表示してあります。
落丁・乱丁の場合は小社管理部宛にお送りください。
送料は小社負担でお取り替えいたします。
ただし、古書店等で購入したものに関してはお取り替えできません。
本書の一部、または全部を無断で
複写・複製・転載・公衆送信することは
法律で定められた範囲を除いて禁じられています。

©NOZOMI KAWASHIMA 2019
ISBN978-4-8470-9795-9

河嶋 希
NOZOMI KAWASHIMA

女性がまねしたい等身大でありながらもトレンドを押さえた仕上がり、絶妙な色と質感の組み合わせが女優やモデルから絶大な支持を得て、幅広い女性誌で活動中。ファッション誌でメイク連載ももつ。io所属。

STAFF

Model
佐藤栞里

Photograph(model)
三瓶康友

Photograph(products)
西原秀岳(TENT)

Styling
石上美津江

Planning & text
大塚真里

Design
稲垣章子

Management
大貫淳子
(io)

Proofread
麦秋新社

Edit
青柳有紀　川上隆子　金城琉南
(ワニブックス)